言語政策を問う!

田尻英三・大津由紀雄 編

1 言語教育の構想
大津由紀雄

2 日本の言語政策の転換
西原鈴子

3 日本語教育政策・機関の事業仕分け
田尻英三

4 現代日本の言語政策をかんがえるにあたって
ましこ・ひでのり

5 日本語政策史から見た言語政策の問題点
安田敏朗

6 日本語学習権保障と法制化
山田　泉

7 国語教育における「国語力」の捉え方
甲斐雄一郎

8 日本の英語教育政策の理念と課題
吉田研作

9 少子高齢社会における移民政策と日本語教育
安里和晃

ひつじ書房

はじめに

　言語教育が政治に振り回されている、と感じられる事態が続いている。特に、民主党が政権与党になってからの2010年度予算では、日系人就労準備研修事業（日系人就労支援のための日本語能力向上を目指すもの）を除けば、留学生・外国人の子ども等々の外国人関係予算は削減されている。

　小学校での英語教育のための予算も、「英語ノート」の2011年度配布分まではかろうじて確保されたものの、それ以降の方向性は不明である。

　国語教育でも、新しい学習指導要領が実施される段階でOECDのPISA調査で日本人子どもの読解力不足が指摘され、国語力とは何かが改めて問われている。

　日本語教育は2007年度からいくつかの事業が予算化されたが、多くの省庁で統一なく実施されているため、効果が見えない。そもそも、日本には、外国人を受け入れるための基本的な政策がないのである。その一例として、インドネシアやフィリピンから看護士・介護福祉士候補者を受け入れたものの、彼らが日本で一定期間働くためには日本人と同様の国家試験合格という壁が立ちふさがっている事実がある。

　このような状況下で、言語教育に携わっている人々、関心を持っている人々が何も発言をしないでいては、言語教育が一貫性のない国家的施策に押し流され、将来に禍根を残すことになる。

　本書を構想するきっかけは、『社会言語学』9号に載せられた塚原信行氏による田尻の編著『日本語教育政策ウォッチ2008　定住化する外国人施策をめぐって』への書評で「田尻には、日本語教育施策の『大きな方向性』に関して具体的に論じることを期待したい」という呼びかけに答えたいと考えたことであった。執筆を依頼するにあたり、まずこのような問題点に意欲的に取り組んでいると田尻が考える方々を選び出し、原稿を依頼した。この段階で、執筆予定者の一人大津由紀雄に対して共同編者になることを提案し、

大津の承諾をもらったのち、全体の構成を再検討した。
　編者は、以下の点を編集と執筆のガイドラインとして各執筆者に伝えた。

（1）それぞれの主張が本書中で対立しても、編者はそれを統一しない。
（2）言語政策への提言を必ず入れて欲しいが、それは関係する事象を網羅的に取り扱うという形でなくてもかまわない。それぞれの分野における状況により、批判や要望という形で執筆してもかまわない。
（3）本書が扱っている分野が多岐にわたるため、どの分野の方でも読みやすいように、問題点は具体的に指摘する。

『言語政策を問う！』といういささか意気込んだ書名に込められた編者・執筆者の気持ちを読者諸賢に少しでも伝えることができればと願っている。
　なお、本書でいう「外国人」とは、外国籍を持っている人だけでなく、外国にルーツを持つ人も当然含めて考えていることを最初に断っておく。

2010 年初夏　　田尻英三
大津由紀雄

目次

はじめに iii

1 言語教育の構想
大津由紀雄 ——————————————————— 1
1. 「言語」という視点 1
2. 国語教育と英語教育の問題点 8
3. 言語教育の構想 24
4. まとめ 29

2 日本の言語政策の転換
西原鈴子 ————————————————————— 33
1. はじめに 33
2. 日本における「言語政策」 33
3. 社会統合政策と言語選択 34
4. 日本における言語選択 37
5. 公用語が選択されるとき 38
6. 日本の言語社会的状況 39
7. 「公用語」が選択される過程 40
8. 日本の将来における言語選択と社会統合に関する言語・言語教育研究者の役割 42
9. 「生活者としての外国人」のための日本語教育カリキュラム案の策定 43
10. 公正な社会統合政策としての言語政策 46

3 日本語教育政策・機関の事業仕分け
田尻英三 ————————————————————— 51
1. 日本語教育政策を構築するための前提 51

2　日本で行われている日本語教育関係施策を担当している省庁　53
　　3　今までの日本語教育政策の検討　71
　　4　日本語教育政策の提言　83
　　5　日本語教育に関する最新の動き　96

4　現代日本の言語政策をかんがえるにあたって
ましこ・ひでのり ─── 103
　　1　現状の問題点を通時的に位置づける―「人権と統治」という、二つの軸から　103
　　2　現状の問題点の共時的な整理―諸問題の布置関係　106
　　3　研究者等も加担してきた「神話」の解体　110
　　4　ささやかな提言　117

5　日本語政策史から見た言語政策の問題点
安田敏朗 ─── 133
　　1　はじめに　133
　　2　敗戦までの「日本の言語政策」の展開―「帝国日本の言語政策」として　134
　　3　敗戦後の「日本の言語政策」の展開　139
　　4　多言語社会を前提とした「日本の言語政策」　141
　　5　おわりに　145

6　日本語学習権保障と法制化
山田　泉 ─── 149
　　1　「外国人」と暮らす社会　149
　　2　現在の「移民政策」へのわたしの立場　152
　　3　社会参加と言語　152
　　4　年少者への対応　154
　　5　法制化を求める活動　155
　　6　法案とその概要　157
　　7　関係の国際法と諸外国の状況　159
　　8　法律に盛り込むべき内容　161

7 国語教育における「国語力」の捉え方
甲斐雄一郎 ——————————————————— 165
- 1 国語科の課題　165
- 2 教育内容構成の類型　170
- 3 他教科と国語科　172
- 4 国語科の選択　176

8 日本の英語教育政策の理念と課題
吉田研作 ——————————————————— 179
- 1 はじめに　179
- 2 日本人の英語力　180
- 3 言語政策から外国語（英語）教育政策へ　182
- 4 学習指導要領に見られる英語教育の目標の変遷　186
- 5 英語ができる日本人育成のための方策と入試　189
- 6 日本人の英語力をどう伸ばすか　191
- 7 おわりに　194

9 少子高齢社会における移民政策と日本語教育
安里和晃 ——————————————————— 199
- 1 人の国際移動を規定する新たな要因　199
- 2 EPA における人材受け入れの経緯と日本語教育　200
- 3 スキルの担保　202
- 4 就労実態と日本語の問題　204
- 5 労働力人口の減少と統合　207
- 6 まとめ　208

おわりに　211

1　言語教育の構想

慶應義塾大学　大津由紀雄

1　「言語」という視点

1.1　国語教育、英語教育、日本語教育の関係とその目的

　一般的に、言語関連の教育は母語教育と外国語教育に分かれ、日本においては、主として、母語教育としての国語教育[1]、外国語教育としての英語教育と日本語教育という形態をとっている。

　国語教育、英語教育、日本語教育の三者の関連はつぎの図のようにまとめることができる。

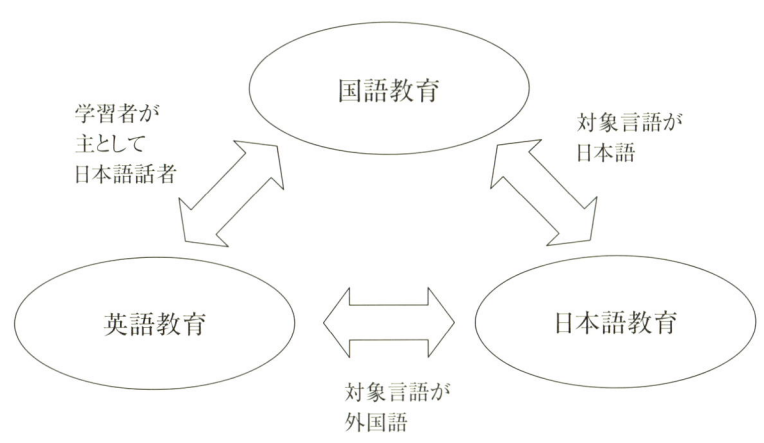

図1　国語教育、英語教育、日本語教育

三者はそれぞれの歴史的しがらみを背負って、それぞれの道を歩んできた。三者のうち、二者の連携を模索する試みがなされることがないわけではない。

　ともに（主として）日本語話者を対象とする国語教育と英語教育の連携を模索した野地・垣田・松本（1967）がその例だ。しかし、全6巻から成るこの叢書は「第1期」と銘打たれながらも、その後、40年を経た現在でも第2期は刊行されておらず、広島市に本拠を構えていた文化評論出版という出版社もなくなってしまったようだ。『英語教育』（大修館書店）などの専門誌でも同様のテーマが特集で取り上げられることもあるが、個別の議論や実践報告に終わってしまいがちで、実質を伴った効果はほとんど上がっていない。

　ともに日本語を対象言語とする国語教育と日本語教育の場合もほとんど同様の状況で、『日本語学』（明治書院）や『月刊日本語』（アルク）などでも時折取り上げられ、関連学会でも話題になることもあるが、「連携」と呼べるような動きにはなっていない。

　さらに距離があるのが、ともに外国語教育という共通点を持つ日本語教育と英語教育である。寡聞にして、筆者は両者の連携の本格的な試みの例を知らない。その状況を憂いた横溝紳一郎らが中心となって、2010年6月に佐賀大学で開かれた日本語教育学会研究集会に英語教育の中嶋洋一を招き、連続講演を企画した。こうした試みが機運となって状況が変化する可能性はあるが、横溝らの憂いが的確に現状を捉えている。

　いずれも言語がかかわる教育であるといっても、三者の間で連携が図られなくてはならないという必然的理由はない。しかし、筆者は教材とか教授法とかなど実践レベルでの協力はもちろん、理念の上でも連携を図ることが望ましいと考える。

　1.2節でその理由を述べるに先だって、まず、国語教育、英語教育、日本語教育の主たる目的について、筆者の考えるところを明らかにしておく。

表1　国語教育、英語教育、日本語教育の主たる目的

	主たる目的
国語教育	学習者が母語である日本語の性質を的確に理解し、効果的に日本語を運用できるように支援するため
英語教育	外国語である英語との比較によって、学習者が母語である日本語の性質を的確に理解し、日本語を効果的に運用できるように支援するため
日本語教育	学習者が外国語である日本語の性質を的確に理解し、日本語を効果的に運用できるように支援するため

　表1について若干の注釈を加えておきたい。まず、「運用」とは単に「読み書き聴き（聞き）話す」という、いわゆる4技能に関連することだけでなく、ことばが関与する思考も含めて理解していただきたい。

　英語教育の目的は英語の運用能力を育成することによって英語の効果的運用ができるように支援するためと考えるのが一般的であるから、英語教育の目的を表1のように考えるのには違和感を覚える向きもあろう。しかし、実際に英語の運用を必要とされる状況に置かれる日本人の数は限られており[2]、英語の運用能力育成を学校教育の一環としての英語教育の主たる目的として据えることには大いに疑問が残る。

　なお、後述するように、上記を主たる目的とする英語教育はその副産物として英語の効果的運用能力の育成につながるものであり、一見遠回りに見える筆者の構想であるが、実際のところは、英語の運用能力を持った人材を育成するという社会からの現実的要請にも確実に応えうるものであることも付け加えておきたい。

1.2　国語教育、英語教育、日本語教育の連携
1.2.1　連携が望ましい理由

　国語教育、英語教育、日本語教育のいずれもが言語がかかわる教育であるといっても、三者の間で連携が図られなくてはならないという必然的理由はない。しかし、筆者は以下の理由により、三者間の連携を図ることが望ましいと考える。

表2　国語教育、英語教育、日本語教育の連携が望ましい理由

【理由1】	国語教育、英語教育、日本語教育のいずれも日本語ないしは英語の性質を的確に理解することがその目的に組み込まれている。
【理由2】	国語教育、英語教育、日本語教育のいずれも日本語ないしは英語を効果的に運用することがその目的に組み込まれている。

　なぜ【理由1】と【理由2】が三者間で連携することが望ましいことを示唆するのかについて述べよう。

　まず、結論を先取りして述べれば、つぎのようになる。日本語と英語はいずれも自然言語（人間が母語として身につけることが可能である言語）であり、両者は互いに異質の体系ではなく、共通の基盤（普遍性）の上に成り立っている。したがって、国語教育、英語教育、日本語教育のいずれも日本語ないしは英語の性質を的確に理解することがその目的に組み込まれている（【理由1】）のであれば、三者は連携して日本語と英語それぞれの性質（個別性）をその共通の基盤に照らして明らかにしておくことが望ましいことになる。

　自然言語が共通の基盤の上に築かれた体系であるなら、それを効果的に運用する方法も共通の原理に基づいていると考えるのが自然である。したがって、国語教育、英語教育、日本語教育のいずれも日本語ないしは英語の効果的運用がその目的に組み込まれていると考える（【理由2】）のであれば、三者がそれぞれの分野での教育・研究努力の余分な重複を避け、互いの連携を図ることが望ましいことといえる。

　以上の議論を支える根拠について以下略述する。

1.2.2　連携が望ましいという議論を支える根拠(1)―言語の普遍性と個別性

　この本の読者の大部分にとっての母語は日本語であると考えられるが、そのことは生まれる前に（先天的に）運命づけられていたわけではない。生まれた後（後天的に）の一定期間、日本語を耳にして育った結果、日本語が母語となったのであり、もしその期間に英語を耳にして育てば、英語が母語となったはずである。そして、同様のことがどの自然言語にもあてはまる。スワヒリ語を耳にして育てばスワヒリ語が、日本手話を目にして育てば日本手話が、それぞれ母語として身についたはずである。このことから、この世に

生まれ落ちたときの人間の言語獲得能力はどの自然言語に対応できるようになっていると考えるのが自然である。

もし日本語と英語が、そして、すべての自然言語が共通の基盤を持たず、それぞれに異質であるとすると、脳が非常に優れた情報処理器官であることを考えに入れても、いま述べた母語獲得の事実が説明しにくい。逆に、共通の基盤があれば、人間はその基盤を（遺伝情報の一部として）持って生まれてきて、その基盤と生後外界から取り込む経験とを照合することによって、日本語や英語などの母語になる個別言語に特化させていくと考えることができる。

実際、これまでの言語研究の成果に照らして自然言語に共通の基盤が存在することは疑いの余地がない。その一例を表3に示す。

表3　共通の基盤（普遍性）の例

【音の世界】	言語音は（基本的に）母音と子音の二つのグループに分類できる。さらに、母音と子音を組み合わせることによって語を形成する。
【文の世界】	文は、いくつかの語を、一定の順序（語順）で並べ、使われた語のいくつかを集めてまとまり（構成素）を作り、そのまとまりをさらに重ねること（階層構造の形成）によって作られる。さらに、そうして形成された文を重ねて（埋め込み）、より大きい文を形成することができる。まとまりを重ねていく操作は無限に繰り返すことができる。

では、日本語や英語などの個別言語がそれぞれ持つ性質（個別性）はどのように生み出されるのであろうか。たとえば、表3の最初の例を考えてみよう。「言語音は（基本的に）母音と子音の二つのグループに分類できる。さらに、母音と子音を組み合わせることによって語を形成する」とあるが、どの母音を選ぶか、どの子音を選ぶか、さらに、どのように母音と子音を組み合わせて語を形成するかは個別言語ごとに選択の余地が残されている。

たとえば、英語はhatなどに含まれる/æ/という母音を選択しているが、日本語では（ほとんどの方言で）選択されていない。逆に、日本語では「おばさん」と「おばあさん」のように短い母音と長い母音の区別を語の識別に利用しているが、英語は利用していない。

母音と子音の組み合わせにも同様のことが言える。日本語はnを除き、（た

とえば、ka のように）子音は母音と組み合わされて使われ、英語の strong のように子音がいくつも連続して現れるとか、語が子音で終わるというようなことはない。

　このように、共通の基盤（普遍性）は自然言語に許されている体系の大枠を規定し、その枠の中で各個別言語の性質（個別性）が形成されるという仕組みになっている。本節冒頭で述べた言語獲得の過程に即して述べたところを繰り返せば、人間は自然言語に共通の基盤（普遍性）を（遺伝情報の一部として）持って生まれてきて、その基盤と生後外界から取り込む経験とを照合することによって、日本語や英語などの母語になる個別言語に特化させていくということになる。

　話の流れを確認しよう。問題は、上で述べた【理由１】と【理由２】がなぜ国語教育、英語教育、日本語教育三者間での連携の必要性を示唆するかについてであった。日本語と英語はいずれも自然言語であり、両者は互いに異質の体系ではなく、共通の基盤（普遍性）の上に成り立っている。そして、国語教育、英語教育、日本語教育のいずれも日本語ないしは英語の性質を的確に理解することがその目的に組み込まれている（【理由１】）のであれば、三者は連携して日本語と英語それぞれの性質（個別性）をその共通の基盤に照らして明らかにしておくことが望ましいことになる。

　なお、以上述べた限りでの普遍性に関する議論は特定の言語理論（たとえば、生成文法）に依拠するものではない。言語を研究する人のなかで普遍性の存在を（実質的に）否定する人はいない。個々の立場により異なってくるのは、普遍性の中味がどのくらい豊かなのか、また、それがどの程度、言語に固有なものなのかという点に関してである。

1.2.3　連携が望ましいという議論を支える根拠（２）―言語の効果的運用

　言語教育の関連で言語の運用について議論されるときにしばしば引き合いに出されるのが《言語（ことば）はコミュニケーションの手段である》という言い回しである。このとき、注意しなくてはならない点がある。それは、確かに言語はコミュニケーションの手段として用いられることは間違いないが、それは言語の本来的機能とは考えられないということである。

言語がコミュニケーションの手段を本来的機能としているのであれば進化の過程で淘汰されていて然るべき性質を言語は保有している。あいまい性 (ambiguity) である。あいまい性とは一つの言語表現が複数の解釈を許容するという性質である。
　たとえば、

（１）　太郎が好きな女の子

という表現は《太郎が女の子のことが好きである》という解釈と《女の子が太郎のことを好きである》という解釈のいずれをも許容する。前者は (2) に、後者は (3) に対応した解釈である。

（２）　太郎が好きな車
（３）　アイスクリームが好きな女の子

　あいまい性を持った表現が言語運用の場面で用いられた場合、その文脈からどちらの解釈が意図されているかを判断できる場合もあるが、できない場合もある。つまり、話し手の意図と聞き手の理解が常に一致するという保証がないということだ。コミュニケーションの手段という観点からすれば、これははなはだ都合の悪い性質であるということになる。
　言語が持つあいまい性という問題をできるだけ除去することが必要な場合にはその点に格段の注意を払い、あいまい性が入り込む余地をできるだけ少なくする努力を払うことになる。たとえば、法律の条文はその典型例である。そうして作られた法律の条文であっても、あいまい性を完全に除去することはできず、法律家によって、その解釈にばらつきが見られることがあることはよく知られている。
　場合によっては、(自然)言語が許容するあいまい性を完全に除去することが求められることもある。たとえば、数学や論理学の体系を構築しようとするときがその例である。そうした場合には自然言語の使用をあきらめ、あいまい性が入り込む余地のない、独自の明示的な《言語》を用いることになる。

同様のことが、人間とコンピュータとのやりとりの場合に用いられるコンピュータ言語の場合にも言える。相手はコンピュータなので《融通が利かない》。そこで、プログラマーは自然言語ではなく、コンピュータ言語を用いて、コンピュータとのやりとりを行うことになる。

つまり、言語はコミュニケーションの手段として使われるが、それが本来の機能ではないので、《心して使う》必要があるということになる。言語を《心して使う》ときに必要となってくる力、それは言語を客体化された対象として捉え、その構造と機能についての知識を利用しながら、言語の運用を行う力である。この力を一般に「メタ言語能力」と呼ぶ、が筆者はメタ言語能力の原始的形態も含め、この力を「ことばへの気づき」と呼んでいる。2節ではその「ことばへの気づき」について述べる。

1.2.4 まとめ—「言語」という視点

ここまで述べたところは、それに賛成するかどうかは別にして、日本語とか、英語とかという、個別言語とはべつに、（一般的に）ことば(language)という視点を持っていれば、避けては通れない問題である。にもかかわらず、こうした問題が言語教育関係者によって論じられることはさほど多くはない。自分が直接関係する個別言語の枠内に留まってしまっているからである。

これにはさまざまな理由が考えられる。学校教育の中で言語ということについて考える機会があまりにも少なすぎることが直接の原因であろうが、その状況を打破するためには教員養成課程のなかに（単に課目として、「アリバイ作り」のために加えるのではなく）言語学を有機的に組み込むことが必要であろう[3]。海の外ではそのような試みも多く成されている。最近の優れた文献として Denham and Lobeck (2010) がある。

2 国語教育と英語教育の問題点

この節では、前節で述べた視点から、国語教育と英語教育の現状が抱える問題点について整理する。内部事情を含め、筆者がもっとも事情を承知しているのは英語教育であるので、まず英語教育について述べ、その視点から国

語教育について考えることにする。日本語教育については第3節で触れる。なお、英語教育に関してはすでにさまざまな形で私見を公にしており[4]、ここでの記述もそれらと重複する部分があることをお断りしておきたい。

2.1 迷走する英語教育

　日本の英語教育が迷走の歴史であったことは江利川(2008)を一読すればすぐに理解できる。その英語教育をさらなる混迷の深みに落とし込んだのが「『英語が使える日本人』の育成のための戦略構想」(2002年、以下「戦略構想」)とそれに基づく「行動計画」(2003年)である。

> 　経済・社会等のグローバル化が進展する中、子ども達が21世紀を生き抜くためには、国際的共通語となっている「英語」のコミュニケーション能力を身に付けることが必要であり、このことは、子ども達の将来のためにも、我が国の一層の発展のためにも非常に重要な課題となっている。
> 　その一方、現状では、日本人の多くが、英語力が十分でないために、外国人との交流において制限を受けたり、適切な評価が得られないといった事態も生じている。同時に、しっかりした国語力に基づき、自らの意見を表現する能力も十分とは言えない。
> 　このため、日本人に対する英語教育を抜本的に改善する目的で、具体的なアクションプランとして「『英語が使える日本人』の育成のための戦略構想」を作成することとした。あわせて、国語力の涵養も図ることとした。
> (「『英語が使える日本人』の育成のための戦略構想の策定について」の「1 趣旨」(2002年7月12日)　http://www.mext.go.jp/b_menu/shingi/chousa/shotou/020/sesaku/020702.htm)

　上の引用からも明らかなように、この戦略構想(とそれに基づく行動計画)は《「英語が使える日本人」を育成せよ》という社会的要請・期待に対してきちんとした検討を加えることなく、学校英語教育へ丸投げしたものであ

る。

　この戦略構想は文字どおり国家戦略として性格づけられているが、それが日本経済連合会(経団連)に代表される経済界の強い要請によって主導されたものであることは江利川春雄による以下の年表を一瞥するだけでも明らかである。

○ 1955年、日本経営者団体連盟が「役に立つ英語」への転換を要望。
○ 1972年、中教審が「コミュニケーションの手段としての外国語能力の基礎を培う」改革を答申。
○ 1974年、自民党の平泉渉が「外国語教育の現状と改革の方向」で「国民の約5%が、外国語、主として英語の実際的能力を持つこと」などを提案(いわゆる「平泉プラン」)。
○ 1987年、中曽根内閣の臨時教育審議会第4次答申が、コミュニケーション重視、英語教育の目的の明確化(のちの数値目標化)、教員養成や研修の見直し等を打ち出す。
　*その年、ソビエト崩壊(1991)による冷戦体制の終焉で、米国主導のグローバル化が加速。
○ 1997年、日経連「グローバル社会に貢献する人材の育成を」で全従業員に対するTOEIC、TOEFL受験の義務化、採用時の英語力重視などを主張。
○ 2000年、経団連「グローバル時代の人材育成について」で包括的な英語教育政策を提言。
○ 2000年、首相の諮問機関「21世紀日本の構想」懇談会が、「英語第二公用語」化、日本人全員が実用英語を使いこなせるようにする、英語教員の力量の客観的な評価、研修の充実などを答申。
○ 2001年、「英語指導方法等改善の推進に関する懇談会」の報告書がグローバル化への対応策として、「国民全体に求められる英語力」と「専門分野に必要な英語力や国際的に活躍する人材などに求められる英語力」の育成を答申。この二重階層規定が戦略計画に踏襲される。

(江利川 2009:91–92、表記を一部改修)

大学卒業生に期待される英語の力がTOEICなどのスコアーによって数値で示され、それを受けて、高等学校卒業生、中学校卒業生に期待される英語の力が同様に示される。経済界が要請するところを出発点に、大学、高等学校、中学校卒業時に期待される英語の力がトップダウン式に決められていく。

　こうしたやり方が果たして妥当であるのかどうかについて原理的な検討が必要であることは言うまでもない。しかし、これまでそうした検討が行われたことはほとんどない。事実、行動計画はその総括もほとんどなされないまま、2009年には、その後継プランである「英語教育改革総合プラン」[5]が立案されている[6]。

　こうした一連の流れの中で現実となったのが公立小学校への英語の導入である。紆余曲折を経てのことであることは改めて述べる必要もないと思うが、新指導要領での英語の扱いについて、つぎの点はきちんと理解しておく必要がある。

表4　小学校での英語活動

①英語活動(学習指導要領の文言では「外国語活動」。ただし、小学校学習指導要領第4章外国語活動、第3指導計画の作成と内容の取り扱いの1(1)として、「外国語活動においては、英語を取り扱うことを原則とする」とあるので、実質的には英語活動)という形での必修化(道徳に倣い「領域」という名称が使われることもある)であり、教科化ではないこと。
②英語活動の目的は「コミュニケーション能力の素地」の育成であり、英語運用能力(スキル)の育成ではないこと。この理由により、中学校以降での英語「教育」の前倒しではなく、あくまで英語「活動」であるとされる。
③英語活動は高学年のみで実施され、週1授業時を標準とする[7]。

　小学校への英語導入は、英語(教育)に対する世間の恨み(《あれだけ努力したのに、ちっとも使えるようにはならなかった!》)、英語教育界に対する経済界からの批判(《英語が使える人材を育成していない!》)、小学校英語を含

めた幼児・児童英語に対する教育産業界からの期待(《この経済不況下、しかも、少子化傾向のなか、たとえ短期的であっても、新たな市場が欲しい！》)などが複合的に作り出したあだ花とも言える状況に乗じたものである。

　ここでは、小学校での英語活動についてこれ以上立ち入らないが、筆者の考えをさらに知りたい向きには、わたくしの研究室のウェブサイトに掲載した、つぎの二つの関連論考をお読みいただきたい。なお、前者は冗談めかした形式になっているが、2009年8月2日に獨協大学で開催された関東甲信越英語教育学会埼玉大会におけるシンポジウムで読み上げたものであり、そこで述べたことの実質はきわめてまじめなものである。

表5　関連論考

菅正隆教科調査官への惜別の辞
　　　http://www.otsu.icl.keio.ac.jp/files/i/2009-8/ 菅正隆教科調査官への惜別の辞 2.pdf
第6回全国小学校英語活動実践研究大会に出席して
　　　http://www.otsu.icl.keio.ac.jp/files/i/2010-2/otsu-syoei.pdf
---

　この節を閉じる前に、戦略構想の中に「あわせて、国語力の涵養も図ることとした」ということが謳われていることに触れておきたい。戦略構想のその部分に対応して、行動計画には以下の節がある。

---
6. 国語力の向上
【目標】
○ 英語によるコミュニケーション能力の育成のため、すべての知的活動の基盤となる国語を適切に表現し正確に理解する能力を育成する。

　英語の習得は母語である国語の能力が大きくかかわるものであり、英語によるコミュニケーション能力の育成のためには、その基礎として、国語を適切に表現し正確に理解する能力を育成するとともに、伝え合う力を高めることが必要である。

また、豊かな人間性や社会性を持ち、国際社会の中で主体的に生きていく日本人を育成するためには、思考力を伸ばし、豊かな表現力や言語感覚を養うとともに、国語への関心を深め、国語を尊重する態度を育てることが大切である。
　このため、下記のような施策を通じ、国語力の向上の取組を推進する。
［以下、項目のみを挙げる—大津］
○ 新学習指導要領の趣旨の実現
○ 国語力向上モデル事業の実施
○「これからの時代に求められる国語力」の検討
○ 子どもの読書活動の推進
○ 言葉に対する意識の高揚
○ 国語指導力向上講座の実施
　　　　　　　　（「英語が使える日本人」の育成のための行動計画1）

　国語力について触れている部分は、戦略構想においても、行動計画においても、他の部分から遊離した印象を拭いきれない。その原因は、上で「英語の習得は母語である国語の能力が大きくかかわるものであり、英語によるコミュニケーション能力の育成のためには、その基礎として、国語を適切に表現し正確に理解する能力を育成するとともに、伝え合う力を高めることが必要である」と述べながらも、英語の力の育成と国語の力がどうかかわりあうのかがきちんと示されていないからである。
　なぜそれが示されていないのか。理由はこの戦略構想や行動計画を策定した側にきちんとした認識がなかったからである。一言で言ってしまえば、1節で述べた「ことば」という視点がほぼ欠如していたということである。
　さて、上の引用では項目だけを挙げた具体的施策の中に、「言葉に対する意識の高揚」というものがある。これは筆者のいう「ことばへの気づき」に近いものを感じさせるので、この部分だけ、さらに引用しよう。

> ○ 言葉に対する意識の高揚
> 家庭や地域などが一体となって、相手や場面に応じた適切な言葉遣いや言葉による表現等について考える機会を提供する「『言葉』について考える体験事業」等を実施し、言葉についての意識の高揚を図る。
> （「英語が使える日本人」の育成のための行動計画2）

　ここで述べられている「言葉」について考える体験事業とは文化庁と開催地の都道府県教育委員会及び市町村教育委員会などが主催するワークショップである。その趣旨はつぎのようになっている。

> （趣旨）
> 第一　言葉について高い見識・技能を有する有識者を講師に迎え、適切な言葉遣いや言葉による表現等を実践的に学び、体験する機会を提供することにより、児童生徒を中心に言葉に関する関心を高め、正しい日本語を使おうとする意識の高揚を図る。
> （「言葉」について考える体験事業）

　この事業は2001年度に始まった（2001年度と2002年度は「「言葉」について考える―親と子のワークショップ―」という名称であった）ものであるが、最盛期（2006年度）には年間に19回の事業が全国で実施されている。しかし、その後、開始事業数も減り、2009年度で打ち切りとなった。
　この事業に講師としてかかわった顔ぶれを見ると、言語学者はほとんど含まれておらず、俳人、作詞家、作家、落語家、声優、劇作家など、言葉に関わる実践的な仕事をしている方々が大部分である。それは一つの見識として重要なのであるが、「言葉に対する意識の高揚」を謳うのであれば、その「言葉」そのものを研究の対象とする言語学者の参加があって当然であったと惜しまれる。

2.2　PISA ショックに揺れる国語教育

　PISA とは Programme for International Student Assessment（生徒の学習到達度調査）の略で、OECD（Organisation for Economic Co-operation and Development、経済協力開発機構、加盟国 31）が開発し、実施している調査である。

　その概要を日本語で書かれた公式文書から引用する。

- 参加国が共同して国際的に開発した 15 歳児を対象とする学習到達度問題を実施。
- 2000 年に最初の本調査を行い、以後 3 年ごとのサイクルで実施。2006 年調査は第 3 サイクルとして行われた調査。
- 読解力、数学的リテラシー、科学的リテラシーの 3 分野について調査。
- 各調査サイクルでは調査時間の 3 分の 2 を費やす中心分野を重点的に調べ、他の 2 つの分野については概括的な状況を調べる。2000 年調査では読解力、2003 年調査では数学的リテラシー、2006 年調査では科学的リテラシーが中心分野。
- 2006 年調査には、57 か国・地域（OECD 加盟 30 か国、非加盟 27 か国・地域）から約 40 万人の 15 歳児が参加。なお、2000 年調査には 32 か国（OECD 加盟 28 か国、非加盟 4 か国）が、2003 年調査には 41 か国・地域（OECD 加盟 30 か国、非加盟 11 か国・地域）が参加。
（OECD 生徒の学習到達度調査　2006 年調査国際結果の要約　http://www.mext.go.jp/a_menu/shotou/gakuryoku-chousa/sonota/071205/001.pdf）

　以下に 2000 年調査、2003 年調査、2006 年調査における読解力の結果の推移をまとめた表を掲げる。

表6　OECD 生徒の学習到達度調査　2006 年調査国際結果の要約

	2006 年調査	2003 年調査	2000 年調査
日本の得点	**498 点**	498 点	522 点
OECD 平均	**492 点**	494 点	500 点
OECD 加盟国中の順位	**12 位**	12 位	8 位
OECD 加盟国中の順位の範囲(注)	**9〜16 位**	10〜18 位	3〜10 位
全参加国中の順位	**15 位**	14 位	8 位

(注)平均得点には誤差が含まれるため、統計的に考えられる上位及び下位の順位をOECD 加盟国の中で示したもの。

なお、PISA 調査では、OECD 加盟国の生徒の平均得点が 500 点、約 3 分の 2 の生徒が 400 点から 600 点の間に入るように換算。OECD 加盟国の平均が 500 点、標準偏差が 100 点。

　ここには掲載しないが、科学的リテラシーと数学的リテラシーも、上掲の読解力同様、調査のたびに順位を(ほぼ)下げており、これが日本の子どもたちの学力低下を示すものとして、マスコミにも大きく取り上げられたことは記憶に新しい。

　しかし、時間の経過とともに、PISA が図ろうとしている「読解力」は日本で伝統的に考えられてきた「読解力」とは異質な要素を含むものであることが徐々に認識されるようになった。PISA では「読解力」をつぎのように規定している。

自らの目標を達成し、自らの知識と可能性を発達させ、効果的に社会に参加するために、書かれたテキストを理解し、利用し、熟考する能力

(PISA 型読解力)

　最近では、上記のように規定された「読解力」を「PISA 型読解力」と呼び、日本で旧来考えられてきた「読解力」(この論考では便宜的に「日本型読解力」と呼ぶことにする)と区別することが一般的となってきている[8]。

　PISA 型読解力の規定に対応して、PISA の読解力調査ではつぎの諸点を考慮して出題がされている。

> ① テキストに書かれた「情報の取り出し」だけはなく、「理解・評価」(解釈・熟考)も含んでいること。
> ② テキストを単に「読む」だけではなく、テキストを利用したり、テキストに基づいて自分の意見を論じたりするなどの「活用」も含んでいること。
> ③ テキストの「内容」だけではなく、構造・形式や表現法も、評価すべき対象となること。
> ④ テキストには、文学的文章や説明的文章などの「連続型テキスト」だけでなく、図、グラフ、表などの「非連続型テキスト」を含んでいること。
>
> (PISA 読解力調査)

　PISA 型読解力は現代社会に生きる上で重要な力であるのにもかかわらず、国語教育では従来十分に顧みられることがなかったとの認識に基づき、2004 年 2 月 3 日に文化審議会がまとめた「これからの時代に求められる国語力について」という答申[9]には、「これからの時代に求められる「国語力」の構造」と題されたつぎのモデル図(19 ページ、図 2)が「参考」として掲げられている。

　この図をみると、日本型読解力の中心にあったと考えられる「感じる力」や「表わす力」・「想像する力」の一部に、「考える力」を基盤とする PISA 型読解力の要素を組み合わせた「国語力」を模索していることが明確にうかがえる。

　また、同じ答申に掲げられている図 3 (20 ページ) には、発達段階に対応して日本型読解力から PISA 型読解力へと次第に重点を移していくという考えが描かれている。

　さらに、2005 年 12 月に文部科学省が発表した「読解力向上プログラム」[10]ではその冒頭でつぎのように述べている。

> 　平成 15 年（2003 年）7 月に OECD（経済協力開発機構）が実施した PISA 調査（生徒の学習到達度調査）の結果が、昨年 12 月に公表された。それによれば、わが国の子どもたちの学力は、「数学的リテラシー」、「科学的リテラシー」、「問題解決能力」の得点については、いずれも一位の国とは統計上の差がなかったが、その一方で、「読解力」の得点については、OECD 平均程度まで低下している状況にあるなど、大きな課題が示された。
> 　PISA 調査は、読解の知識や技能を実生活の様々な面で直面する課題においてどの程度活用できるかを評価することを目的としており、これは現行学習指導要領がねらいとしている「生きる力」「確かな学力」と同じ方向性にある。また、学習指導要領国語では、言語の教育としての立場を重視し、特に文学的な文章の詳細な読解に偏りがちであった指導の在り方を改め、自分の考えを持ち論理的に意見を述べる能力、目的や場面などに応じて適切に表現する能力、目的に応じて的確に読み取る能力や読書に親しむ態度を育てることが重視されており、これらは PISA 型「読解力」と相通ずるものがある。
> 　　　　　　　　　　　　　　　　（「読解力向上プログラム」の「はじめに」）

　図 4（21 ページ）は読解力向上プログラムの全体像を示したものであるが、そこには PISA 型読解力がまさにその中心的な位置を占めていることが如実に示されている。

　PISA 型読解力の育成に焦点を定めた文部科学省は学習指導要領の改訂をにらんで、中央教育審議会教育課程部会、小・中・高等学校部会、各教科等ごとの専門部会に加え、言語力育成協力者会議を組織した。これは新しい学習指導要領の核の一つとして「言語力」を据え、その力を教科横断的に育成することの是非とその可能性について議論する場としてもくろまれたものであった。2006 年 6 月 12 日から翌年 8 月 16 日までに 8 回の会合が開かれた。

　筆者もその会議の委員として参加したのだが、国語力と言語力の関係、言語力の教科横断的育成の現実的可能性、小学校英語活動をはじめとして、言

1　言語教育の構想　19

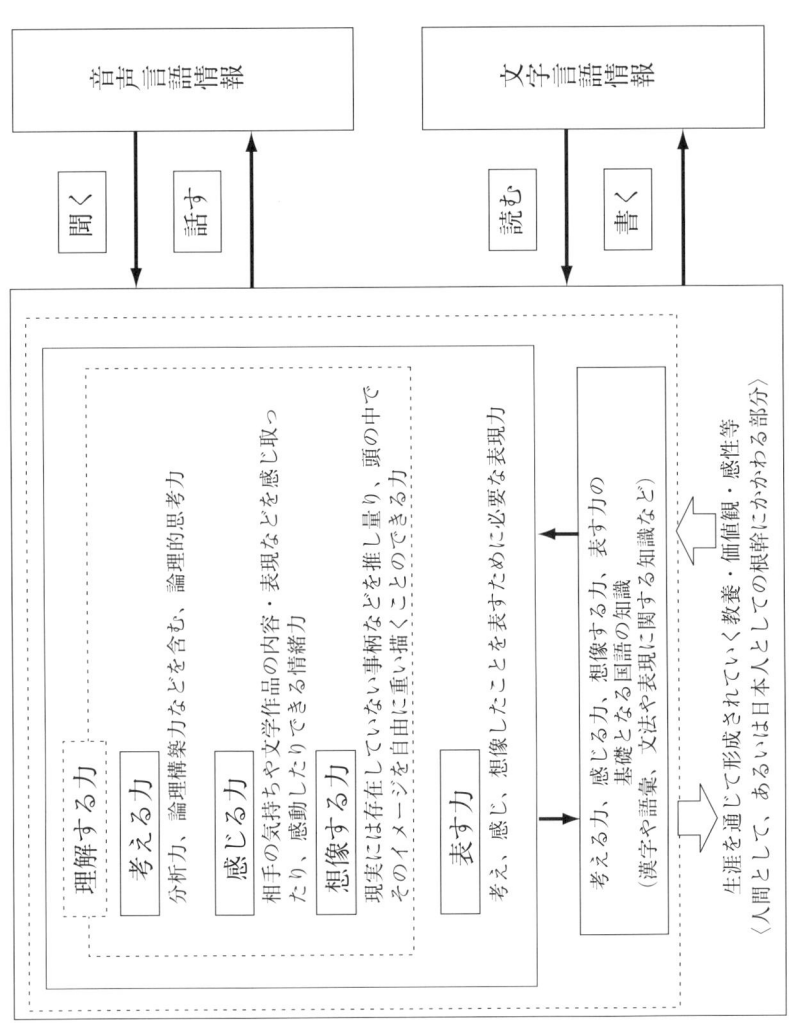

図2　これからの時代に求められる「国語力」の構造（モデル図）

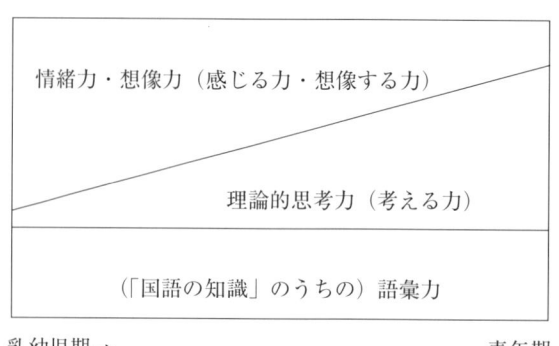

図3 発達段階に応じた「国語教育における重点の置き方」のイメージ図 (答申 p.14)

語と教育をめぐる多様な話題が取り上げられた。各教科を代表した委員の意見のなかには自分たちの教科の時間数が減らされることだけは避けたいとする本音もちらほらと見え隠れする部分もあったが、興味深い議論も数多くあった。ただ、なにせ限られた時間の中での議論であったので、これから本格的議論へ向かうというところで、時間切れとなってしまったのはまことに残念であった。

この言語力育成協力者会議での議論なども踏まえた上で、文部科学省は2008年3月28日に幼稚園、小学校、中学校の新しい学習指導要領を、2009年3月9日に高等学校、特別支援学校の新しい学習指導要領を告示した。その基本に据えられているのが「生きる力」である。22ページの引用はその概要を示したものである。

「学習指導要領改訂のポイント」として挙げられているもののなかに、「基礎的・基本的な知識・技能の習得」と「思考力・判断力・表現力等の育成」が含まれているが、この2点はかなり直接的にPISA型読解力につながるものと考えることができる。

こうした文部科学省のPISA型読解力重視の姿勢と軌を一にしている民間の動きもある。その一つが三森ゆりかが主張する言語技術教育[11]である。三森はつくば市でつくば言語技術教育研究所を開設し、自ら所長を務めている。

1 言語教育の構想 21

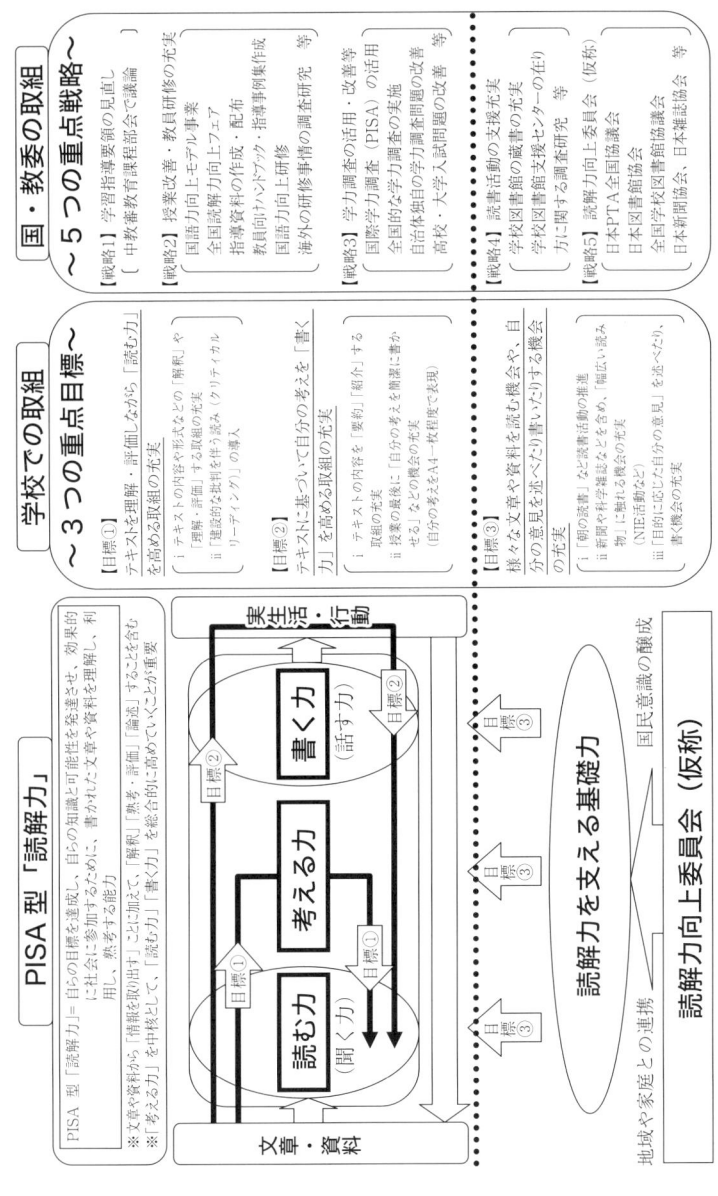

図4 読解力向上プログラムの全体像

http://www.mext.go.jp/a_menu/shotou/gakuryoku/siryo/05122201/014/002.pdf

現行学習指導要領の理念である「生きる力」をはぐくむこと
この理念は新しい学習指導要領に引き継がれます。

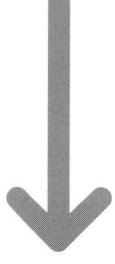

「生きる力」
・基礎・基本を確実に身に付け、いかに社会が変化しようと、自ら課題を見つけ、主体的に判断し、行動し、よりよく問題を解決する資質や能力
・自らを律しつつ、他人とともに協調し、他人を思いやる心や感動する心などの豊かな人間性
・たくましく生きるための健康や体力　など

「生きる力」をはぐくむという理念を実現するためのこれまでの手立てに課題
・「生きる力」の意味や必要性についての共通理解
・授業時数の確保　など

教育基本法や学校教育法の改正などを踏まえ、
「生きる力」をはぐくむという学習指導要領の理念を実現するため、
その具体的な手立てを確立する観点から学習指導要領を改訂します。

学習指導要領改訂のポイント
・改正教育基本法等を踏まえた学習指導要領改訂
・「生きる力」という理念の共有
・基礎的・基本的な知識・技能の習得
・思考力・判断力・表現力等の育成
・確かな学力を確立するために必要な時間の確保
・学習意欲の向上や学習習慣の確立
・豊かな心や健やかな体の育成のための指導の充実

（学習指導要領改訂の基本的考え方　http://www.mext.go.jp/a_menu/shotou/new-cs/idea/index.htm）

　三森の主張する言語技術教育は三森自身のドイツでの経験を踏まえて考案されたもので、三森は言語技術および言語技術教育について以下のように書いている。

思考を論理的に組み立て、相手が理解できるように分かりやすく表現すること…
　簡潔に言えば、言語技術教育、コミュニケーション・スキル教育の目的はそこにあります。これは、豊かで実りある社会生活を営む上で必要不可欠な技術であると同時に、国際社会で日本人が堂々と自己主張をしていく上で欠くことのできない技術でもあります。なぜなら欧米諸国で

> は、言語技術教育が国語教育の本質であり、先進国の中でこの技術教育を行っていないのは日本だけ、と言っても過言ではないのが現状だからです。
> （三森ゆりかの言語技術教育　http://members.jcom.home.ne.jp/lait/）

　この三森の主張は文部科学省内にもそれを高く評価するもののいる[12]。また、千葉県柏市にある麗澤中学・高等学校では言語技術科を開設し、三森らスタッフの尽力によって成果を上げている。三森はつくば言語技術教育研究所のスタッフとともに他の学校や大学、企業、さらには、日本サッカー協会などのスポーツ団体などに対しても言語技術教育を行っている。

　もう一つの動きとして、こちらはPISA型読解力ということを前面に出している試みだが、言語力検定[13]がある。有元秀文と北川達夫が中心になっているようだが、検定試験のほかに、教員などを対象とした指導者研修としてのワークショップなどを開催している。

　このように、PISA型読解力の育成が学校教育にとって目下の大問題となっているのだが、分けても国語教育には関連する批判の矛先が集中している。そのことが国語教育がその本質を再検討すべききっかけとなったことは喜ぶべきことであると考えるが、しかし、《では、いま何をすべきなのか》という点になるとまだまだ議論が十分に煮詰まっているとは言いがたい。

　この点についての筆者の考えを一言でまとめれば、「子どもたちの母語である日本語を利用して、ことばの仕組みと働きを的確に理解し、その理解をもとに、的確に読み（聞き）、考え、書く（話す）力を育成することがなによりも重要である」ということになる。このことは、語彙、文、文章のすべてのレベルについてあてはまる。

　つぎの節ではこの筆者の考えを「言語教育の構想」として発展させる。

3　言語教育の構想

これまで述べたことに照らして、母語教育としての国語教育と外国語教育としての英語教育が有機的に連携することが望ましいことは明らかである。残された問題は、

（A）　その連携となるべき基盤は何か。
（B）　その連携の企てに日本語教育はどのように関与すべきなのか。

の2点である。

まず(A)の問題から考えよう。結論から言うと、筆者はその連携の基盤となるべきものは「ことばへの気づき」であると考えている。

母語の骨格は生後数年のうちに形作られるが、その過程や身につけた知識の内容についてはおおむね無意識的である[14]。母語はコミュニケーションの手段として機能することもあるが、すでに見たように言語はコミュニケーションの手段としては欠陥がある。したがって、注意深く使わないと、コミュニケーションが本来目指している《話し手の思いや気持ちを的確に聞き手に伝え、話し手の思いや気持ちを的確に理解する》ことから逸脱して、誤解が生じる。自分の発話意図を聞き手に正しく理解してもらうためには格段の心遣いが必要なのである。

また、いま述べたコミュニケーション本来の姿を逆手にとって、聞き手をだまそうとたくらむ話し手もいる。

さらに、ことばによって相手に傷つけられてしまうこと(たとえば、《やっぱりあの人はわたしのことをそう見ていたのだ！》はそうまれなことではないし、逆に、自分の使ったことばによって、自分を傷つけてしまうこともありうる(たとえば、《あの人があんなことを言うなんて！》)。

こうしたさまざまな状況に対処するためには、単に「母語を知っている」というだけでは不十分で、「母語について知っている」ことが重要になってくる。母語の仕組み(構造)と働き(機能)に習熟することが母語を効果的に運用するために必要となってくるのである。

その「母語について知っている」状態を作り出すために必要なのが「ことばへの気づき」である。その「ことばへの気づき」は同時に、外国語学習においても重要な役割を果たす。外国語環境（対象言語が日常的に使われていない環境）での外国語学習では対象言語の仕組みと働きについての知識を意識的に身につけることが重要である。そうした知識を身につけるために提供される材料をここでは「教育文法」と呼ぶことにしよう[15]。

教育文法がどのような形になるかはそれを作る人の言語観や外国教育観によって異なるが、「母音」「子音」などの音概念、「主語」「目的語」などの文法関係、「名詞」「動詞」などの品詞（範疇）概念、「語順」「句」「節」などの統語概念、「埋め込み」（「主節」と「従属節」）「等位接続」などの節関係概念、「主格」「所有格」「目的格」などの格概念、「単数」「複数」などの数概念、「一人称」「二人称」「三人称」などの人称概念、「時制」「相」などの時間関連概念、修飾概念などを欠いた教育文法はありえない。ただし、念のために書き添えておけば、ここで問題にしているのは「概念」であって、「文法用語」ではない。「主語」とか、「時制」とかいう文法用語を用いることは有効でない、あるいは、有害であると考える外国語教育専門家（教師、研究者など）は多い。そのような考えの人たちでも上に挙げた概念そのものが不要だと考える人は仮にいたとしても少数であろう。

問題は、そうした概念を受け容れる準備が学習者の側で整っているかどうかである。そこで重要なのが、外国語学習に先立つ、母語による「ことばへの気づき」の育成である。なぜ母語による育成なのか。それは母語については直感が利くからである。なぜ母語によって育成された「ことばへの気づき」が外国語学習にも利用できるのか。それは母語も外国語も自然言語として共通の基盤（普遍性）の上に築かれた知識であるからであり、その使用にあたっても母語にも外国語にも共通する部分が多いからである。

筆者は、近年の学校英語教育が十分に機能していない最大の原因は、いま述べた、外国語学習に先立つ、母語による「ことばへの気づき」の育成が体系的になされていない点にあると考えている。上に述べた諸概念を受け容れる素地がないまま中学校で英語学習を始めても、学習は早晩行き詰まり、化石化状態に陥ることは当然のことである。

この状況を打開するために必要なのは小学校段階における、「ことばへの気づき」教育なのであるが、前述のとおり、現状では小学校への英語の導入という形でことが進んでいる。幸い、前述のように今回の学習指導要領では教科化が回避され、英語活動（正式名称は「外国語活動」であるが、現実的には、多くの場合、英語活動となっている）という形で、しかも、対象が高学年に限られ、時間数も週1時間程度という、やりなおしがきく形態で留まった。

　英語活動について忘れてはならないことはその目標である。英語活動は英語の「スキル」、つまり、運用能力の育成を目指すものではなく、「コミュニケーション能力の素地」の育成を目指すものであるというのが文部科学省の見解である。「コミュニケーション能力の素地」とは積極的にコミュニケーションを図ろうとする気持ちを意味しているという。筆者にはその「コミュニケーション能力の素地」をどうして外国語である英語によって行わなければならないのか理解できない[16]が、ここで大切なことは文部科学省の側でも英語のスキル育成を持ち出すと英語嫌いを生み出してしまう危険性があることを十分承知しているからこそ、それを英語活動の目標とはしなかったという点である。

　小学校英語に関するさまざまな問題はすでに多くの書きもので指摘したので、ここではそうした文献の代表として大津・窪薗（2008）（特に、その理論編）を挙げるに留める。

　この局面で起こすべき行動は、すでにそういった動きが始まっている、小学校英語の教科化を阻止することと英語活動の「ことば活動」化を求めることである。教科化となれば、教科書もでき、教員養成も本格化する。そうなってからではやりなおしがきかない。

　小学校英語を教科化し、英語スキルの育成を目標とする、教科としての英語導入は英語嫌いを生み出す危険性があることを承知でそれを今回回避した文部科学省の関係者にはぜひとも小学校英語の教科化の動きに強く抗っていただきたいと願うばかりである。

　いまやるべきことは、英語活動の「ことば活動」化である。「ことば活動」化とは英語活動をこれまで述べてきた「ことばへの気づき」を育成すること

を目標として、主として児童の母語である日本語を利用して、ことばの構造と機能に気づく基盤を育成していく活動に転じていくというものである。

　育成された、「ことばへの気づき」は中学校以降の英語学習の確固たる基盤となる。さらに、母語に加え外国語としての英語という二つの視点からことばを捉えることが可能になることによって、「ことばへの気づき」はより豊かなものになる。そうして豊かになった、「ことばへの気づき」は母語と英語の効果的運用に役立ち、効果的運用は「ことばへの気づき」をさらに豊かなものにする。豊かになった「ことばへの気づき」は語彙や表現の拡がりをもたらす形で母語の知識そのものを豊かにしていく。

　こうして形成されるのが、「ことばへの気づき」を中核とすることばの循環である。これを図示したのが図5である。

　最後に、(B)の問題(再掲)について考える。

(B)　その連携の企てに日本語教育はどのように関与すべきなのか。

　第1節で触れたままになっている日本語教育について考えてみよう。そこで触れたように、日本語教育は国語教育・英語教育と学習者が異なるので、それ自体を図5に直接組み入れることはできない。

　では、日本語教育は国語教育・英語教育とどのように連携すべきなのであ

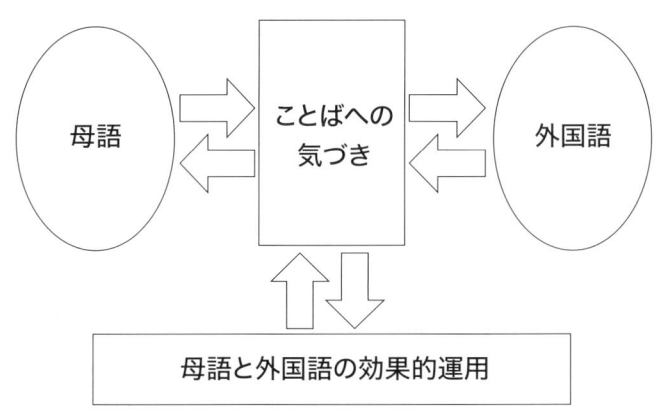

図5　言語教育の構想

ろうか。
　日本語教育は日本語を対象とした教育的営みであり、日本語の構造と機能についての知見を利用するので、その知見そのものやその利用の仕方について国語教育との情報交換は有益であろう。
　また、日本語教育は学習者の外国語を対象とした教育的営みであるので、教師の姿勢なども含めた、広い意味での教授法レベルでの情報交換も有益であろう。たとえば、横溝ら（2010）はある英語教師のライフヒストリーや教育実践を丁寧に整理し、記述したものであるが、日本語教育に携わるものが得ることができるところも多大であるはずだ。
　しかし、そうした「情報交換」レベルでの交流は連携とは言い難い。筆者は、日本語教育が急速に多言語化・多文化化する日本社会のまさに最前線での闘いにほかならないことに着目し、そのレベルでの連携こそが重要だと考える。
　地域によってばらつきはあるが、公立学校に日本語を母語としない子どもたちが入学し、日本語を母語とする子どもたちと同じ教室で学ぶ機会が増えている。そうした状況の下で、母語教育としての国語教育はこれまでと同じものであってよいはずはない。それは日本語を母語にしない子どもたちを対象にした日本語補習を付け加えれば済むという問題ではなく、多言語化・多文化する社会での言語の在り方を問うという視点を組み込まなくてはならないということ意味する。
　「多言語化・多文化する社会での言語の在り方を問うという視点を組み込まなくてはならない」という言い方はいささか後ろ向きの響きが強すぎるかもしれない。日本社会の多言語化・多文化化は複数の言語、複数の文化という視点を自然に学校に持ち込んでくれるという意味でむしろ積極的に向かい入れるべきものであると筆者は考える。
　多言語化・多文化化する社会への変化は英語教育にとっても重要である。これまで英語教育では、「グローバル化」の名の下に英語の「国際共通語」としての地位がますます揺らがないものとなり、「英語教育≡国際理解教育」という図式すら現実のものとなっているきらいがある。そうした視点がいかに狭隘なもので、場違いなものであるかを実感できる社会に変化しつつある

現状において、ことばの教育はどうあるべきかを英語教育は日本語教育と連携して問い直す必要がある[17]。

4　まとめ

これまで考えてきたことを整理すると、これからのことばの教育にとって重要なのは、教える側にとっても、教わる側にとっても、ことばの相対性の理解であるということになる。つまり、「日本語・英語・スワヒリ語・日本手話といった個別言語はその個別性・多様性にもかかわらず、共通の基盤（普遍性）の上に築かれた体系であり、体系としての優劣はない」ということである。特定の個別言語の中での方言についても同様である。

にもかかわらず、ある個別言語は「国際共通語」として機能し、ある方言は「共通語」として機能する。それは偏に、政治的・経済的・軍事的・歴史的理由によるものである。

このごくあたりまえのことが一般に理解されるようになったとき、ことばの教育は本質的な変化を遂げることになるであろう。

注
1　「国語」という名称が背負う歴史的しがらみなどについてはイ（1996）、安田（2006）などを参照されたい。筆者は「「国語」教育」という表記を好むが、いささか煩雑なので、本論では「国語教育」と表記する。
2　海外旅行に出かけた際や、町で外国人に道を尋ねられたりという状況を考える読者もいるであろうが、そうしたときに役立つのは定型表現を中心にした「旅行者のための英会話」能力の類であり、そうした能力の育成を学校英語教育の目的に据えるのは適切ではないと筆者は考える。
3　ただし、言語学の扱い方にはさまざまな考えがあり、言語学そのものを教えるという立場から、言語学を直接教えるのでなく、その成果をもとに子どもたちの「ことばへの気づき」を育成するという立場まで、さまざまである。
4　最近のものとして、大津（2009）がある。
5　http://www.mext.go.jp/a_menu/hyouka/kekka/08100105/022.htm
6　立案と同時期に民主党による政権交代がなされ、このプランも事業仕分けの対象

7 「特区」はこの扱いに縛られない。また、低学年、中学年においても総合的な学習の時間を利用して児童が英語に触れる機会を作ることは可能である。
8 「日本型読解力」と「PISA 型読解力」は対立するものというより、重点の置き方の違いと理解するほうが妥当性が高いのだが、重点の置き方がかなり異なっているので、この論考では便宜的に対立するものとして論を進める。
9 http://www.mext.go.jp/b_menu/shingi/bunka/toushin/04020301.htm
10 http://www.mext.go.jp/a_menu/shotou/gakuryoku/siryo/05122201/014/005.htm
11 三森のいう「言語技術」は language arts の訳語である。「言語技術」という名称は木下是雄（たとえば、木下 1981）のものがよく知られている。言語技術教育学会という学会もある。また、名称は「言語論理教育」であるが、井上尚美の主張（たとえば、井上 1989）も三森の言語技術教育と共通するところが少なくない。ただ、これらの試みは教育に対する姿勢、基本理念、方法などにおいて少なからず違いがあるように思える。シンポジウムなどの形での集中討論を期待するのは筆者だけではないだろう。
12 実際、三森は前述の言語力育成協力者会議の委員にも名を連ねている。
13 有元（2009）を参照。
14 一口に「母語」と言っても、音韻面と文法面ではその体系の骨格が身につくまでに必要な時間が異なる。一般に、音韻面は文法面より早くその獲得が進む。
15 そうした材料の中には音韻面にかかわるものもあるので、ここで「教育文法」というときの「文法」とは言語知識全般を示す広義のものである。
16 この点についての直山木綿子教科調査官の見解は大津・直山（2009）などに見られる。この発言時点の直山さんはまだ教科調査官着任前であるが、この点についての直山さんの考えはいまも変っていない。
17 この論考における日本語教育に関する議論がきわめて不十分であることは筆者自身がよく承知している。筆者の今後の課題である。

参考文献

有元秀文（2009）『言語力検定公式ガイド』日本能率協会マネージメントセンター
イ・ヨンスク（1996）『「国語」という思想―近代日本の言語認識』岩波書店
井上尚美（1989）『言語論理教育入門―国語科における思考』（教育新書）明治図書
江利川春雄（2008）『日本人は英語をどう学んできたか―英語教育の社会文化史』研究社
江利川春雄（2009）『英語教育のポリティクス―競争から協同へ』三友社出版
大津由紀雄（2009）「「戦略構想」、「小学校英語」、「TOEIC」―あるいは、ここが正念場の英語教育」大津由紀雄（編）(2009)『危機に立つ日本の英語教育』14-61　慶應

義塾大学出版会
大津由紀雄・窪薗晴夫（2008）『ことばの力を育む』慶應義塾大学出版会
大津由紀雄・直山木綿子（2009）『ことばの「学び」の未来へ―これからの英語教育を考える』（北九州大学基盤教育センターブックレット）北九州大学基盤教育センター
木下是雄（1981）『理科系の作文技術』（中公新書）中央公論社
野地潤家・垣田直巳・松本寛（編）（1967）「言語教育学叢書（第1期・全6巻）」文化評論出版
安田敏明（2006）『「国語」の近代史―帝国日本と国語学者たち』（中公新書）中央公論新社
横溝紳一郎・大津由紀雄・柳瀬陽介・田尻悟郎（2010）『生徒の心に火をつける―英語教師田尻悟郎の挑戦』教育出版
Denham, Kristin, and Anne Lobeck (eds.) (2010) *Linguistics at school: language awareness in primary and secondary education*. Cambridge University Press.

2 日本の言語政策の転換
―総合的言語計画の勧め―

元東京女子大学／文化庁文化審議会会長　西原鈴子

1 はじめに

　本稿では、日本語の言語純化（language purification）を目指した言語改革の側面が強化されてきた日本のこれまでの言語政策を、国際社会のメンバーとしての在り方と責任を視野に入れ、将来に展開する多言語・多文化状況の可能性を見通し、それにふさわしい方向に転換することを提案する。

　そのためには、リンガ・フランカ（lingua franca＝域内共通語）の言語選択、すなわち公用語の選択、をはじめとする総合的言語計画の策定が必要であり、併せて国の機関としてそのことを立案するべき研究機関が必要であることも提案する。

2 日本における「言語政策」

　カルヴェ（2010: 165）の定義によれば、「言語政策」は「言語と社会生活、とりわけ言語と国民生活の関係について行われる意識的な選択の総体」であり、「言語計画」は、「言語政策のために必要な諸手段の探求および実行」であるという。日本においては「言語政策」と「言語計画」は厳密に区別して使われてはいない（Carroll 2001: Chapter 1）。しかし明治以降の日本語に関する諸施策は、主として「言語計画」の領域に属する以下のような側面を中心に展開してきたという。

- 言語改革
- 言語純化
- 標準化
- 語彙の近代化
- 語彙の統一化
- 文体の簡潔化

言語純化および標準化は、地域的変種に価値を認めない標準語化奨励策として、語彙の近代化と統一化は、西欧の文明を取り入れる過程で起こった夥しい借用翻訳語彙の採択として、文体の簡潔化は言文一致運動としてそれぞれ展開し、全体的に言語改革として機能したとされている。クルマス(1987: 337)は、「日本人はこの 100 年間、近代産業社会の意志疎通(コミュニケーション)要件に自国語を適応させるため、さまざまな問題にぶつかり続けてきた。(中略)日本語の近代化は成功した。それも、突然の変革を余儀なくされた社会の言語としては例のない早さと完成度で成功した」と評価している。

日本語近代化の流れの基礎となる、「一つの国の一つの言語」を目指す「言語純化主義(language purism)」が広く受け入れられてきた反面、国内の地域的変種(方言)やアイヌ語、琉球語などの少数派の言語の保持、言語間コミュニケーションの問題などに関わる言語計画の側面については、日本では関心が薄く、積極的に取り上られることはなかったという。その底流には、日本人社会が「日本語」を「国語」と呼び、議論抜きに「日本語」が「日本国家語」であり「日本民族語」であるという結論に到達した近代社会の歴史的経緯があるとされている。しかし、全地球規模の情報網、相互依存する経済関係、国境を越える人材の移動が日常的に営まれる今日の世界にあっては、日本においても、これまで注目してこなかった側面を正面から見据え、言語選択の問題として議論することが必要となっている。

3 社会統合政策と言語選択

言語に関する純化主義的政策と同様、外国人に関する政策についても、日

本においては独特の展開が存在してきたという (山脇・柏崎・近藤 2002)。山脇らによれば、日本では一般的に「外国人政策」と「出入国管理政策」は同義とみなされ、外国人の出入国と在留を管理することが外国人に関する政策であるとされてきた。国内における外国人の存在は、可能であれば忌避されるべきであると考えられた。すでに在留する民族的少数者に関しても、日本国籍を持つようになった場合には、「日本国民」であることと「日本民族」であることが同質であると考えられる土壌においては、帰化することイコール日本的になることであり、多数者と異なる出自や、文化、宗教などを持つ人々は社会的に疎外される結果になりやすかったという。山脇らは、「現在必要なのは、出入国政策にとどまらない外国人政策、さらには日本国籍を持つ民族的少数者に関わる領域を含めた、より総合的な社会統合政策である(前掲論文:3)と主張している。山脇らによれば、社会統合政策は、社会構成員に文化的な同質性を強要しない。社会のまとまりを維持し、社会の安定を図ることを目標とするという。そのような考え方に立ち、「日本社会に暮らす人々が、互いにその人権を尊重しつつ、責任も分かち合い、国籍や民族の関わりなく、その個性と能力を十分に発揮することができる社会の実現」(前掲論文:4)を目指して「社会統合基本法」の制定を提案している。

　言語によるコミュニケーションに関しては、「社会構成員に同質性を強要しない」という点と「社会のまとまりを維持し、社会の安定を図る」という点の間には、相容れない要因が存在する。日本社会に参画する言語的背景を異にする人々が、自分たちの母語を保持しつつ社会の構成員になることは、日本が多言語社会になる方向に進むことを意味する。一方、社会のまとまりを維持するためには、構成員が共通の言語を媒介として情報の交換と意志疎通を図るのが効果的である。この多様性と均一性の問題は、欧州評議会 (Council of Europe) が構築した「言語のためのヨーロッパ共通参照枠」(CEFR = Common European Framework of Reference for Languages: Learning, Teaching and Assessment) が複言語主義に立ち、多様性を維持することを標榜し、カルチャーフリーな能力記述文を設定することによって各言語間の能力測定基準を共有することを提案すると同時に、構成社会の各言語のプロファイルの存在を認めることによって特定域内の均一性の問題の解決策とし

ていることが参考になる。

2008年に発表された規制改革会議の第3次答申の「海外人材分野」には以下のような記述がある(規制改革会議 2008: 170–171)。

> 日本語が主たるコミュニケーション手段となっている我が国に在留する外国人は、常に言語の壁に直面する宿命を負う。この言語の壁が高いまま放置されると、ノーベル経済学賞受賞者であるアルマティア・センのいう「複数の単文化社会(plural monocultural societies)」を地域に生み出す危険が増大する。それは、相互に理解しあうことのできない文化の異なる集団の存在する社会であり、何か相互の誤解や摩擦が発生した際には、一触即発の危機が生じかねない不安定な社会である。したがって、社会における言語の壁を少しでも低いものとし、真の多文化共生社会を実現していくためには、在留外国人の日本語習得をサポートする体制を構築することが極めて重要である。

また、法務省第5次出入国管理政策懇談会報告書(2010: 13)では、わが国で働き生活する外国人に対する公共サービスに関して、「特に言葉の問題は重要である。わが国で安定した生活を送っていくためには日本語の習得が必須であり日本語教育の環境整備も含め、政府として、これらの人々の日本語習得、日本語能力の向上を強力に推し進めていくべきである。」と述べている。

これらの提言は、いずれも外国人の日本語習得を促進することを目標に、以下のような論理で議論が展開している。

(1) 日本社会を海外からの人材に開放することを無計画に実行すると、複数の単言語社会が併存する可能性が生まれる。
(2) 社会共通の言語を設定することによって、情報収集・発信の機会を均等に保持し、社会に参画することを可能にする。
(3) 日本に移動する人材が、学歴・職歴に見合った社会的地位を確保して日本社会に参画するためには、日本語能力を持つことが重要である。

（4）そのためには、公的手段による日本語のオリエンテーション計画が必要である。

筆者は、そのような論理展開において(1)(2)から(3)(4)が導かれるためには、その間に「社会共通の言語がなぜ日本語なのか」という言語選択の課題に対する議論がなければならないと考える。その過程において、日本社会で生活する人々が母語とする複数の言語が調査され、検討された上で、共通語として採択されるにふさわしい言語を選び出す言語選択が行われなければ、ある言語(＝日本語)を正当化するための説得力を欠くと考えるからである。

4　日本における言語選択

　ある国・地域内において、異なった言語を話す異なった集団の間でコミュニケーションのために用いられる言語をリンガ・フランカ (lingua franca ＝ 域内共通語) と呼ぶ。これまで日本では、リンガ・フランカを選択する必要性が公の問題として論じられたことはほとんど皆無であったと思われる。歴史上、外国からの侵略や、大規模な民族移動による言語接触を経験してこなかった日本では、国内において複数の言語が拮抗することもなく今日に至っている。したがって、域内の共通語としてのリンガ・フランカが日本語であることは当然のこととして受け入れられてきた。しかし、これからの日本社会のコミュニケーションの在り方を模索する場合には、「言語選択」について改めて考えてみる必要がある。

　ある言語がリンガ・フランカとなることの背景には、さまざまな要因が関係している。ごく単純には、ある言語を母語とする人口が多ければ、当然その言語が広く流通することになる。しかし、人口としては少数派であっても、社会経済的に力のあるグループがあれば、その言語には民族・言語的活力 (ethnolinguistic vitality) があるとされ、多数派を抑えてその少数派の言語が優勢になることがある。その他、歴史的な展開、言語インフラ(メディア、教育、情報流通、出版など)の整備状況も、リンガ・フランカの決定に寄与すると言われている。

日本国内でいまリンガ・フランカを選ぶとすれば、どのような言語が候補となるであろうか。実現可能性を抜きにすれば、グローバル時代のコミュニケーションの効率を考慮して、英語を選択するという可能性も議論としては成立する。しかし、国内的にみれば日本語が選択される可能性が一番高いであろう。ただし、そのことは直感的に結論とされるべきではなく、言語社会の方向性を定めるための検討を経たうえで提案されるべきであると考える。

5　公用語が選択されるとき

　一般的に言語共同体は、その域内において情報流通および意思疎通手段が共有されるときに社会的な統一を保つことが可能であるとされる。国家が単一の言語話者のみで形成されている場合には、言語の統一も、言語を通して国への帰属意識の涵養を図ることも容易である。しかし、現代のように地球規模で人材の移動が起こり、あらゆる種類の交流が頻繁に行われている世界において、国家が言語ひとつだけの共同体として維持されることはますます少なくなって行くのではないだろうか。一国内に複数の言語話者を含む多くの多民族・多言語国家が、複数の言語共同体の社会・経済的、民族的、宗教的要因などが錯綜し、葛藤や紛争に悩んでいる例が多くみられるが、それぞれの場合において、国内のコミュニケーション不全に関連して起こる統一の困難が原因の一部をなしている場合も多い。

　多くの多民族・多言語国家が、「公用語」を制定することによって、人為的な合意に基づく言語共同体を形成し、言語的多様性の問題に解決を見出だそうとしてきた。ある言語が選択され、公用語が法的決定に至るまでには、言語社会的側面、言語周辺的側面、言語内規範的側面の検討がなされる（Daoust 1997: 440）。言語社会的側面とは、当該の国や地域に複数の言語を母語とする グループが存在することである。言語周辺的側面とは、それぞれの言語グループの構成人数や政治・経済的パワー、メディア、教育などが拮抗しており、何らかの政治的決定がなされないと混乱が生じる という状況である。言語内規範的側面とは、言語選択に伴う言語の標準化、言語規範の統一を図る動きである。それらの検討の結果、公用語を制定することに

よって社会の多様性と均一性のバランスを保つことを志向するのである。

6　日本の言語社会的状況

　現在の日本国内において、非母語話者が日本語を媒介として日常のコミュニケーションを行う必要がどのような状況で発生し、増減するかは、世界の動きと連動している。グローバリゼーションの時代といわれる昨今、経済活動の拡大に連動して起こる人的交流の規模拡大が、全地球的規模で人材の流れを活発にしている。その流れが日本に向かってどのように動くのかは、日本語を必要とする人口の動向と関係すると言われている。

　人材の流れを日本に向けて誘致する原因の一つに、日本社会の少子高齢化の問題がある。日本の人口が減少に転じたと報じられ、近未来に起こる労働人口の不足を補うにはどうすればよいか、真剣に検討される時代になった。経済活動の空洞化を防ぎ、より活性化させるために、海外からの人材誘致計画がさまざまなかたちで進行している。先進分野で中核的な役割を演じる高度人材、高齢化社会で特に必要とされる介護要員、少子化に伴って必要とされる基幹産業従事者など、具体的な分野での人材獲得対策が、事態の緊急性に応じて論議されている（日本経済団体連合会 2008）。海外からの長期滞在型人材の誘致が進めば、それらの人々を受容する日本社会は、言語文化的背景を異にする人々と日常生活を共にする、いわゆる多文化共生時代が目前の課題になるということになる。

　日本の言語社会は、現在のところは、日本語（共通語）の母語話者が圧倒的多数であり、ごく近い将来に、ある特定の言語の母語話者が急増して日本語母語話者と拮抗する数になるような可能性は低い。ただし、少子高齢化が進み、生産年齢人口の減少が予測されることから、21世紀の半ばまでには急速に社会の多文化化・多言語化を推進することになるだろうと予測される。特に経済界を中心として、「移民」をめぐる議論が注目を浴びている。

　日本では現在まで、日本語（共通語）を国内に通用する唯一の言語であるとする「常識」が共有され、公式な言語選択の必然性は認識されずに今日に至っている。国内にはアイヌ語の母語話者集団、また韓国・朝鮮語、中国語

母語話者集団が存在したが、いずれも少数民族語として公式に認知されるには至らなかった。しかし将来、複数の言語母語話者が共存する社会が実現するようになれば、情報流通の徹底、社会の成員相互の意思疎通の確実性を保証するなどの目的に合致するリンガ・フランカを、候補となる複数の言語の中から選び出すことが政策として必要になるだろう。その場合、日本語を第一のリンガ・フランカ、すなわち「公用語」として選択するかどうかの議論が必然的に視野に入ってくるものと思われる。

7　「公用語」が選択される過程

　ある言語が「公用語」として選択されるためには、当該の言語社会において複数の条件を満たしていることが必要である。母語話者数が多いことは有力な条件になり得る。しかし数だけが重要なのではなく、ある言語の母語話者グループが人数も含めて総合的に社会を活性化する力(ethnolinguistic vitality)を持っていることが重要であるである。政治・経済・社会・文化の各側面で影響力が大きいことはそれを裏付ける効果を持つ。また、言語インフラ(メディア、教育、情報流通、出版など)が整備されていることも必要条件となる。それらの条件が、ある特定の言語に優位な位置を与えることになる。

　公用語の決定は政治的判断の結果である。近年米国において、州単位で決定に至った英語公用語化の過程を見ると、まず圧力団体からの意見が広報され、政治組織を動かし、公用語として設定する立法手続きを経て、決定されている。決定後は行政の各部分において関連する諸条例として実際の適用計画が作成されている。1980年代の経済的低迷状況下で、ヒスパニック系の移民等が英語を習得しようとせず、貧困層を形成し福祉に依存するため州の財政を圧迫するという意見や、成功したアジア系の移民が力を得て行くことへの危機感が不安や排斥意識を掻き立て、それまで圧倒的に優位であった英語を媒介とする言語社会の維持存続を希求する動きとなっていった。言語多数派による既得権益の維持継続のために公用語化が進められたとして、一部の州で憲法違反であるとの判断が下されている一方で、2009年までに30の

州で英語が公用語化している結果となった。

　米国各州における英語公用語化の動きは、上述のように、危機意識の高まりによって大きな流れとなった例である。多言語使用が生むマイナスの面が強調され、排他的に多数派の言語使用を制度化しようとする場合、言語少数派の人々は社会参加、教育・雇用等の機会均等、政治参加などにおいて不利な条件を押し付けられることになる。一方、移民受け入れ国であるオーストラリアが英語以外の言語 (Language Other Than English = LOTE) の学習を奨励していること、カナダが、移住以前に持っていた言語 (Heritage Languages = 継承語) の学習機会を保証していることなどは、公用語設定ののちに手当てされるべき、移民のルーツである諸言語に対する権利の保障の在り方を示唆するものである。特にカナダにおける継承語教育の機会提供の例にも見られるように、公用語である英語・フランス語に加えて、移民のルーツに関わる諸言語も国の資源の一つと考え、多数の言語資源を豊かに継続することによって国の富が増すと考えることもできるのである。

　もし将来日本において公用語選択の機運が高まるとすれば、公用語選択が直ちにその言語の母語話者優位となる構図を作らない枠組みで議論が進められなければならないだろう。公用語を決定することは、国内に存在する複数の言語を弾圧、あるいは抹殺することを意味してはならない。公用語法令化の結果、複数の言語母語話者グループのための政策的配慮が、総合的言語計画として必然的に伴わなければならない。

　その一つが、「言語権」の保証である。言語権は、国家の言語に対する権利と自分の言語に対する権利という二つの側面をもつとされる (Starkey 2002: 10、カルヴェ 2000: 74)。すなわち、公用語法制化の結果、公用語母語話者以外の人々の言語権は、自言語の保持、公用語の習得の双方向に適用されるべきものとされるのである。その言語権に従って、公用語の習得は、公的財源を使用し、公的機関によって運営されるべき制度として確立されなければならない。そして、付随する諸法規を含め。国の総合的言語計画が立案され、実行されるべきである。

8　日本の将来における言語選択と社会統合に関する言語・言語教育研究者の役割

　筆者は、言語の選択をめぐる民族的アイデンティティーやイデオロギーの葛藤が社会問題として先鋭化していない今の段階こそが、日本において公用語について活発に議論を進めるべき時であると考えている。その準備段階として、国の将来の言語使用についての確固たるヴィジョンを掲げること、国内で使用されるすべての言語を十分比較検討した上で最も合理的な言語選択をすること、ある言語が公用化されたのちに生じる公用語習得に関する言語権、および自分が母語とする言語に関する言語権の保障を管理すること、さらには、公教育における外国語学習の在り方を含む総合的な政策の策定と提案を目的とする「言語計画総合研究所」のような機関が国の機関として設立されることが先決であろう。

　言語計画を策定するのは、言語計画研究者としての言語学者の役割である（Spolsky and Shohamy 2000）。言語計画研究者は、立法・行政府の政策決定に先立ち、言語計画の策定と言語規範の策定の草案を検討する職業集団である。彼らの仕事は、以下のようになる。

（1）各言語を媒介として存在する民族グループの政治・経済・社会的ニーズを調査すること
（2）各民族グループのイデオロギーの発信状況と帰属意識の保持・変革の可能性について調査すること
（3）その結果を分析し、国として行うべき言語選択を立法機関に答申すること

　その言語選択を実行するに当たっては、民族グループ間の均衡が保たれ、社会的圧力に偏りが生じることなく思想・主張の発信が保障される見通しが示されなければならない。言語選択が公正な社会統合の道具となることを最大限可能にするのが、言語研究者による研究の成果ということになる。

　言語選択の結果生じ、保障されるべき言語権の保障に関しては、言語教育

研究者による公正な言語教育政策の立案がなされるべきである。その過程においては、従来の学校教育型学習方法論によらない教育政策と方法論の展開が要求されるだろう。公用語だけでなく少数派民族グループの言語も継承語として学習されること、多数派言語話者には少数派言語学習が強く奨励されることを目標に、共通の指標として学習目標を設定する「共通参照枠」が策定されるべきである。ヨーロッパにおける CEFR のように、複数の言語間で横断的に使用される習得段階の指標を立てることによって、市民としての社会参加の言語的達成尺度を設けることが可能になる。また、諸外国の言語学習と共通の達成尺度を設けることによって、言語間移動を行う就労者が社会参加のための言語能力をどの程度持っているかを横断的に知ることも可能になる。その際必要になる能力指標は、能力記述文（can-do statements）として記述されることになるだろう。その場合の「能力」は市民生活における生活に関するコミュニケーション行動の側面から切り取られる行動能力である。それによって、学習者が「何ができるのか」、「どのくらいできるのか」が具体的なコミュニケーション行動の記述によって示されることになる。このような CEFR の指針は、日本社会における言語計画の在り方について考える際、参考とすべき多くの要素を含んでいる。

　現在国際交流基金では、CEFR の概念を参考にして日本語教育のスタンダードを構築中である。「相互理解のための日本語教育」という考え方のもとに、多言語・多文化状況の中で世界的に共通の言語能力指標を設定することによって、国際社会の中に日本語を位置付け、日本語学習者が自分の学習の達成度を CEFR に準じて知ることができるように設定されている。このような共通参照枠は、今後の日本語教育施策を考える上で有効なツールとしてはたらくものと期待されている。

9　「生活者としての外国人」のための日本語教育カリキュラム案の策定

　文化庁文化審議会の一部である国語分科会日本語教育小委員会は、2008年から「日本語教育の充実に向けた体制整備」、「関係機関の連携」および

「「生活者としての外国人」に対する日本語教育の内容等」を審議してきた。2009年に出された審議経過報告には、以下の三つの方向性が示されている。

（1）今後日本国内で展開される、地域社会への外国人受け入れに伴う日本語教育に関して、国、都道府県、市町村が負うべき責任を明らかにするとともに、相互連携の必要性を示唆すること
（2）生活者としての外国人に対する日本語教育の目的・目標を設定し、標準的内容についての考え方を示すこと
（3）日本語を媒介として日常生活における意思疎通を行う際に必要な日本語コミュニケーションが、どのような生活上の行為を含むのかを具体的に示すこと

「生活者としての外国人」とは、日本に暮らすすべての人が持っている「生活者」という側面を社会の一員として共有する外国人という意味である。その人々が日本社会において、滞在形態の違いや滞在期間の違いを超えて、日本語を使って意思疎通を図り、生活できるようになることを目的として、以下の四つの目標を達成するために必要な日本語能力獲得のための日本語教育の在り方を検討すること、その結果を指針として示すことが、同小委員会に課された当面の課題である。

（1）健康かつ安全に生活すること
（2）自立した生活を送ること
（3）社会の成員相互の理解を図り、社会の一員として生活を送ること
（4）文化的な生活を送ること

　2009年～2010年にかけての小委員会の審議の成果として特に注目に値するのは、「「生活者としての外国人」に対する日本語教育の標準的なカリキュラム案」である。国立国語研究所、国際日本語普及協会、中国帰国者定着促進センター等の機関がこれまでに調査研究してきた成果を参考に、小委員会で行った探索的調査を土台として、生活者としての外国人が日本で社会参加

する際に必要となる生活上の行為の事例を選定して基礎資料とし、さらに来日間もない外国人に習得してほしい生活上の行為を抽出している。以下は標準的カリキュラム案で扱う生活上の行為の大枠である。

○健康・安全に暮らす （7単位）
　　　　健康を保つ［3.5単位］
　　　　安全を守る［3.5単位］
○住居を確保・維持する （2単位）
　　　　住居を確保する［1.5単位］
　　　　住環境を整える［0.5単位］
○消費活動を行う （4.5単位）
　　　　物品購入・サービスを利用する［3単位］
　　　　お金を管理する［1.5単位］
○目的地に移動する （3.5単位）
　　　　公共交通機関を利用する［2.5単位］
　　　　自力で移動する［1単位］
○人とかかわる （2.5単位）
　　　　他者との関係を円滑にする［2.5単位］
○社会の一員となる （4.5単位）
　　　　地域・社会のルール・マナーを守る［2.5単位］
　　　　地域社会に参加する［2単位］
○自身を豊かにすることができる （2単位）
　　　　余暇を楽しむ［2単位］
○情報を収集・発信する （4単位）
　　　　通信する［3.5単位］
　　　　マスメディアを利用する［0.5単位］

これらの生活上の行為は、それらを遂行できるようになるための日本語コミュニケーション能力を獲得することを目指す学習項目となる。その観点から、上記リストのカッコ内に示されている数字は、全体を30単位（最低60

時間)とみなした場合の各学習項目の割合を示すものとなっている。「単位」は実際にかける時間の相対的な割合を示すための目安として提示されている。

　このカリキュラム案は、選択された学習項目について、「能力記述」、「生活場面設定と状況説明および場面登場人物」、「やり取りの例」「文法」「語彙」「機能」「四技能」の情報を付与した「学習項目の要素表」、「教室活動の方法例」、「活用例(実践例)」「教室活動を行う際の参考資料」などを含めた構成になっている。最終的には、このカリキュラム案に基づく目標達成度評価の在り方も検討されることが予定されている。このカリキュラム案が扱っている範囲は、CEFR や JF 日本語教育スタンダードの能力記述では A レベルに位置付けられると推定される。今後ともカリキュラム開発が継続され、より高次のレベルまでの範囲を網羅できるようになることが望まれる。

　筆者は、このカリキュラム案が日本における社会統合を目指す言語教育政策の第一歩として位置づけられるものであると評価する。この案が案であるにとどまらず、公的に裏づけられた存在価値をもち、国境を越えて日本社会に参画する人々が、コミュニケーション能力においても高度人材として共生できるようになるための支援策の一環となることを希望している。

10　公正な社会統合政策としての言語政策

　冒頭に述べたように、明治以降の日本の言語政策の歴史の中で繰り返し強化されてきたのは、急速な近代化の波と共に国家の言語を整えることを目指して言語改革を行う言語純化主義に基づく施策である。明治時代に定められた「標準語」の概念に代表される標準化の潮流は、方言を含む変種を認めない傾向、言語規範を厳しく追及し、それに合致しない側面を「乱れ」として排除する根強い傾向として継続している。そして日本の言語教育文脈において言語教育立案に関わる者が特に警戒しなければならないのは、その傾向の延長線上にある「正しいことばは一つ」という考え方である。そのような考え方は、社会統合という観点からみると、望ましい社会統合を阻む阻害要因となる。以下にその理由を述べる。

第二言語学習の過程において、学習者の母語（第一言語）と学習言語（第二言語）は、相互に認知的な影響があるとされる。「言語転移　language transfer」と言われる現象である（Odlin 1989: 12）。言語転移には基本的に二つのタイプがある。一つは学習者の第一言語の影響が第二言語のパフォーマンスにあらわれる「基幹転移」で、いわば「お国訛り」のようなものである。もう一つは、反対に、第二言語の影響が第一言語にあらわれる「借用転移」で、こちらは「外国語かぶれ」ともいうべき現象である。それぞれのタイプの言語転移は、言語の文構造的側面の習得過程において見られるだけでなく、談話構造的側面、社会言語的側面、ストラテジー的側面など、広範囲にわたって観察される現象である。それらの現象はすべて、言語習得の段階で中間言語として観察されるが、通常は学習の進展につれて意識化され、修正されて行く。しかし、一般的に「○○語なまり」と称されるような、修正されずに継続される要素も多く存在する。将来の日本語社会が多くの母語話者によって構成される時には、言語転移の種類も、予想もできない規模になっていると推測される。その時には、唯一無二の「正しい」日本語が厳しく追及されるよりも、複数の変種に耐性を持つ日本語社会が実現することが必然となるであろう。
　またその場合に、国内のリンガ・フランカ（＝公用語）としての日本語は、「日本民族語」ではあり得ない。日本語学習の方法においても、日本の伝統的な教育文化をそのまま継続することは望ましくない。前述の「標準的なカリキュラム案」が採択され、実行されることになった際にも、それが金科玉条扱いされ、日本の教育文化の中で、社会に移入する人材に対する唯一無二の日本語例として固定化し、それを習得することが日本での生活基盤を築く唯一の道であるという、無言の同質化圧力・適応圧力としてはたらくことは避けられなければならない。今日、英語が世界共通語としての地位を獲得した背景には、いわゆる伝統的英語国の標準的運用例を絶対視するのではなく、各地域の変種を寛容に包括したこともプラス要因として働いたことを参考に、多言語・多文化共生社会における新しいコミュニケーションに役立つ日本語の運用の形を模索していくことが必要となる。これからの日本において、複数文化、複数言語が真の意味で「公正な」存在価値をもつためには、

言語教育関係者にも継続的な啓蒙活動と新しいかたちの実践を推進する責任があると筆者は考える。そして、その責任を十全に果たすための「場」が設けられることを強く希望するものである。

参考文献

カルヴェ，ルイ＝ジャン（2000）西山教之訳『言語政策とは何か』白水社
カルヴェ，ルイ＝ジャン（2010）砂野幸稔他訳『言語戦争と言語政策』三元社
河原俊昭（編）（2002）『世界の言語政策―多言語社会と日本』くろしお出版
河原俊昭・山本忠行（編）（2004）『多言語社会がやってきた―世界の言語政策 Q & A ―』くろしお出版
規制改革会議（2008）『規制改革推進のための第 3 次答申概要―規制の集中改革プログラム―』
クルマス，フロリアン（1987）山下公子訳『言語と国家―言語計画ならびに言語政策の研究』岩波書店
国際交流基金（2010）『JF 日本語教育スタンダード　2010』
眞田信治・庄司博史（編）（2005）『事典　日本の多言語社会』岩波書店
渋谷克己（2001）「学習者の母語の影響」野田尚史ほか（編著）『日本語学習者の文法習得』大修館書店
（社）日本経済団体連合会（2008）『人口減少に対応した経済社会のあり方』
第 5 次出入国管理政策懇談会（2010）『今後の出入国管理行政の在り方』
田中克彦（1981）『ことばと国家』（岩波新書 175）岩波書店
西原鈴子（編著）（2010）『言語と社会・教育』（シリーズ朝倉〈言語の可能性〉8）朝倉書店
春原憲一郎（編）（2009）『移動労働者とその家族のための言語政策―生活者のための日本語教育』ひつじ書房
平高史也（2005）『総合政策学としての言語政策』（総合政策学ワーキングペーパーシリーズ 83）慶応義塾大学大学院・メデイア研究科
古川敏博（2009）「アメリカにおけるバイリンガル教育と英語公用語化の是非論」『立命館国際研究』21 巻 3 号
文化審議会国語分科会日本語教育小委員会（2010）『「生活者としての外国人」に対する日本語教育の標準的カリキュラム案について』
松田陽子（2009）『多文化社会オーストラリアの言語教育政策』ひつじ書房
三好重仁（2003）「言語政策・言語計画」小池生夫（編）『応用言語学事典』353–362　研究社
山本忠行・河原俊昭（編著）（2007）『世界の言語政策　第 2 集』くろしお出版

山脇啓造・柏崎千佳子・近藤敦 (2002)「社会統合政策の構築に向けて」『明治大学社会科学研究所ディスカッションペーパーシリーズ』No.J-2002-1

Backhaus, P. (2007) *Linguistic Landscapes: A Comparative Study of Urban Multilingualism in Tokyo.* Clevedon: Multilingual Matters.

Carroll, T. (2001) *Language Planning and Language Change in Japan.* Richmond:Curzon

Council of Europe (2001) *Common European Framework of Reference for Languages: Learning, teaching, assessment.* Cambridge: Cambridge University Press.

Daoust, D. (1997) Language planning and language reform. In F. Coulmas (ed.) *The Handbook of Sociolinguistics.* 436–452 Blackwell.

Fishman, J.A. (1988) Reflections on the current state of language Planning. In L. LaForge (ed.) *Proceedings of the International Colloquium on Language Planning.* 406–428 University of Laval Press.

Jorden, Eleanor (2000) Acquired culture in the Japanese language classroom. In Lambert and Shohamy (eds.) *Language Policy and Pedagogy.* 207–220 John Benjamins.

Lambert, R. D. and Shohamy E. (eds.) (2000) *Language Policy and Pedagogy.* Philadelphia: John Benjamins.

Landry, R. and Allard, R. (1992) Ethnolinguistic vitality and the bilingual development of minority and majority group students. In Fase, W., Jaspers, K. & Kroons, S. (eds.) *Maintenance and Loss of Minority Languages.* Amsterdam: John Benjamins.

Odlin, T. (1989) *Language Transfer.* Cambridge: Cambridge University Press.

Spolsky, B. and Shohamy, E. (2000) Language practice, language ideology. and language policy. In Lambert and Shohamy (eds.) *Language Policy and Pedagogy.* Philadelphia: John Benjamins.

Starkey, H. (2002) Democratic Citizenship, Languages, Diversity and Human Rights: Guide for the development of Language Education Policies in Europe From linguistic Diversity to Plurilingual Education. Language Policy Division, Council of Europe, Strasbourg.

Wodak, R. and Corson, D. (eds.) (1997) *Language Policy and Political Issues in Education. Encyclopedia of Language and Education Vol.1* Dordrecht: Kluwer Academic Press.

3　日本語教育政策・機関の事業仕分け

龍谷大学　田尻英三

1　日本語教育政策を構築するための前提

　従来、日本語教育関係者は日本における外国人問題を日本語教育の枠の中だけで処理しようとしてきた傾向があると田尻は感じている。日本語を教えることだけに興味があり、相手の外国人が置かれている状況を理解しようとしない日本語教師も相当数いる。これでは、日本語教育に携わっている多くの人たちは、社会的責任を果たしているとは言えないと考えている。本稿は、2009年2月にひつじ書房から出版した『日本語教育政策ウォッチ2008』と表裏一体をなすものである。この本は、現在日本で行われている日本語教育関係の施策を具体的に紹介し、筆者なりのコメントをつけている。ぜひとも併せてお読みいただきたい。
　本稿で日本語教育政策を提言するためにも、まず田尻が考える提言の前提となる外国人の定住化を前提とした日本の将来像にふれることにする。

　①　日本に住む外国人を「定住外国人」などという法律上定義されていない住民と捉えず、少子高齢化が進む日本への「移民」と捉え、そのために必要な日本語教育政策を構想する。ただ、その場合、多文化多言語社会を想定するのか、日本への社会統合を想定するのかで政策が大きく異なってくる。本稿では、現在の日本の状況を大きく変更しない日本への社会統合（「同化」ではない）を前提として構想する。社会統合とは、

市民生活・社会生活への参加のための措置で、ホスト社会の価値を受容させることといった文化的意味はこめていない（宮島喬（2003）『共に生きられる日本へ』有斐閣、参照）。2008年4月の長野での聖火リレーでの中国人留学生の応援ぶり・最近のオリンピック参加のための国籍変更・朝鮮人学校の高校学費無料化などの日本人の反応を見ていると、日本における外国語使用の許容や日本の文化習慣に従わない外国人への許容には程遠い状況と考えざるをえない。本来はこうあるべきということを出発点として議論を展開したいのだが、現在の日本における日本語教育の置かれている立場は現実の政治状況に振り舞わされている。田尻は、忸怩たる思いをこめて、ここでは現実的に受け入れ可能な状況を前提に考えることにする。また、「多文化共生社会」という用語は、現状では実際的には努力目標化しているという点で、田尻は使用しない。

② 日本に住む外国人への政策を一括して扱うのではなく、そのルーツとなった国別（在日コリアン、日系人、アメラジアン等々）・年齢別・地域別・在留ビザ別などで各々の状況に合わせた政策を構想する。その前提として、アイヌ・沖縄・在日コリアンなどの歴史的事実の検証やアメラジアンへの偏見の撤廃を含めた日本人と同等の権利を保障することが必要である。また、地域での日本語習得支援の中心的な役割を果たしてきた日本語ボランティアグループや在住外国人の問題点を共有する他の学会と連携する必要がある。日本語教育学会の中だけでいろいろな問題を検討しているようでは、日本の置かれている現状に対応はできない。また、政策を構想するにあたっては、各省庁の縦割り行政の枠を壊して考える。

③ 日本に住む多くの外国人の子どもたちが母語も日本語もできないダブルリミテッドの状態になっていることを考えても、ここでも②と同様に日本語教育政策を単に日本語教育の世界の中だけで構想するのではなく、母語教育・国語教育・外国語教育などと関連して構想する。つまり、日本の国としては、子どもたちの日本語習得のお手伝いをすることと

セットとして母語保障もする体制をとる必要があると考えるのである。

④ 外国での日本語教育政策は、武力や経済力による優位者からの政策ではなく、相手の文化を対等のものと認め、そのうえで日本の文化を理解してもらう平和文化外交の手段の一つと位置づける。

2　日本で行われている日本語教育関係施策を担当している省庁

　ここでは、中央省庁別に外国人関係施策がいかに多様な部署で扱われているかを見ていくことにする。田尻は『月刊日本語』2009年8月号（アルク）でこれらを一覧表にして示したが、本稿では、その際に見落としたものを加え、さらに各省庁が取り扱う内容を日本語教育関係者以外でもわかるように説明することにする。それが、日本の外国人施策を整理することになると考えたからである。これと同様のものが日本語教育学会のウェブサイトに「就職希望者のための日本語教育リソースセンター」として載せられているが、その中には現在活動していない会議や担当部署がかなり含まれていて、日本の現状を捉えるには混乱が生じる可能性があると考えている。

　以下、省庁別に扱うこととする。

2.1　内閣官房
① 外国人労働者問題関係省庁連絡会議

　http://www.cas.go.jp/jp/seisaku/gaikokujin/index.html

　この会議は、内閣官房・内閣府・警察庁・総務省・法務省・外務省・財務省・文部科学省・厚生労働省・農林水産省・経済産業省・国土交通省の関係官僚が参加している。この会議のほうは、1988年から設置されていて、「現在活動中の会議」として扱われている。このウェブサイトには、「『生活者としての外国人』に関する総合的対応策」の実施状況が載せられていて、各省庁にまたがる施策をまとめているので、国の施策全体を一括して把握するのには便利である。ただし、労働者問題を扱うので留学生関係の施策にはふれていない。しかしその一方では、労働者の子どもたちの問題は扱っている。

2.2　内閣府

① 政策統括官（共生社会担当）
- 定住外国人施策推進会議　http://www8.cao.go.jp/teiju/index.html
　　この会議は、内閣府・警察庁・総務省・法務省・外務省・財務省・文部科学省・文化庁・厚生労働省・農林水産省・経済産業省・国土交通省の関係官僚が参加していて、定住外国人施策推進室長が幹事長になっている。2010年度のこの会議の関係予算としては新規に1,400万円計上され、「諸外国における支援制度の調査、多言語による情報提供など、定住外国人施策の推進」をすることになっている。「政策の推進」の実施状況を見ることができる。

2.3　文部科学省

① 初等中等教育局国際教育課

　小学校・中学校に在籍する外国人の子どもの日本語教育を扱う課で、各地の日本語教育センター校などとの連携を進めている。「学校教育における第二言語としての日本語」(JSLと略称)のためのカリキュラムの開発や実践・不就学児童の調査などを行っている。この課は、「海外子女教育、帰国・外国人児童生徒教育に関するホームページ」(http://www.mext.go.jp/a_menu/shotou/clarinet/main7_a2.htm)を開設していて、多くの情報が載せられている。

② 高等教育局学生支援課

- 財団法人日本語教育振興協会（法務省入国管理局総務課と外務省大臣官房広報文化交流部人物交流室と共管）　http://www.nisshinkyo.org/
　　この協会は、全国の日本語学校の取りまとめ役として日本語学校の認可や教育研究大会などを行っている。日本の大学や専門学校へ進学する外国人学生のほとんどは、日本語学校に2年程度在籍してから進学する。日本語学校によっては、大学の日本語の授業を担当する講師を派遣していたり、大学の日本語教員養成課程の学生の教育実習を受け入れたりしている。2010年5月24日の事業仕分けで、日本語教育機関の審査・証明事業は廃止となった。これによる影響は、後述する。

日本語学校の団体としては、ほかに82校が参加している社団法人全国日本語学校連合会（JaLSA、http://www.jalsa.jp/）や日本語学校ネットワークもある。
・財団法人日本国際教育支援協会（JEES）　http://www.jees.or.jp/
　この協会は留学生の災害障害保険や住宅補償のほかに留学生の日本語能力を測る日本語能力試験（日本国内ではこの協会が実施しているが、海外では国際交流基金が実施）や日本語教師の資格試験である日本語教育能力検定試験も実施している。
③　高等教育局学生支援課高等教育企画課
　ここでは、日本語学校を経由しないで外国から直接大学へ入学できる試験としての日本留学試験を実施している独立行政法人日本学生支援機構（JASSO、http://www.jasso.go.jp/）を所管している。ただ、実際にこの試験で海外から入学している学生は少なく、ほとんどの国立大学やかなりの私立大学などの入学試験の代わりとなっている。こうなった原因は、最大の留学生数をほこる中国人留学生が中国国内ではこの試験を受けられないことによる。結果的には、日本語学校では本来の日本語教育のほか、この試験対策もしなければならないというになっていて、負担が大きい。この試験を受けて入学した留学生の大学での成績と以前の日本語能力試験1級または2級試験を受けて入学した留学生との比較は一度も行われていない。つまり、この試験の大学入試としての有効性は検討されたことがないのである。しかし、もしこの試験がなくなれば、かなりの日本の大学は自前で日本語の入学試験問題を作成しなければならない状況になる。このように、日本のかなりの大学は、自分の大学へ入学する学生のための日本語能力試験の開発を怠ってきたのである。この機構は、日本育英会・日本国際教育協会・内外学生センター・国際学友会・関西国際学友会が合併されてできたものである。
④　高等教育局学生・留学生課留学生室
　ここでは、大学の留学生関係の施策が扱われていて、「留学生30万人計画」を押し進めている。ただ、この計画自体は建前上現在も継続されているが、この計画を進める中心校となるはずだった「グローバル30」に指定された大学への援助も減額され、1年目に指定した13大学だけでこの計画を

進めることとなり、残りの 17 大学分の予算計上は 2010 年度は見送られた。さらに、2010 年 2 月 8 日に突然「政府開発援助外国人留学生修学援助費補助金（授業料減免法人援助）」も 2010 年度から廃止となった。この補助金は、私立大学・短大に在籍する留学生の学費減免を援助するもので、私立大学・短大にとっては大事な補助金となっている。2 月という時期に示されたことにより、各私立大学・短大はすでに募集要項に書かれている学費の減免を変更することはできず 2010 年度は大学・短大の負担となるが、2011 年度からは学費減免額を減らす大学・短大がかなり出てくる可能性がある。同じ部局で、一方では留学生を増やす施策を作り、一方では留学生の生活を圧迫する施策を出すということをしていることになる。廃止の理由は、「本事業に対する各方面からの厳しい指摘等があった」としか書かれていない。

⑤　生涯学習政策局生涯学習推進課

　ここでは、中学校卒業程度認定試験や高等学校卒業程度認定試験が扱われている。この試験は本来不就学の日本人学生のための試験であったが、現在は不就学の外国人の子どもたちが高校や大学への進学を目指して受験している。試験問題は公開されるようになったが、外国人の子どもにとってはかなり難しい試験となっている。実際には合格点を下げるという現実的対応をしているようであるが、詳しいことは公開されていない。

　また、この課は財団法人日本漢字検定協会（http://www.kanken.or.jp/index.php）も所管していて、ここではビジネス日本語能力テストが行われている。このテストは、2008 年度まで独立行政法人日本貿易振興機構（JETRO）が行っていたが、移管の決まった 2009 年になってから多額の利益問題が起こり、この年の受験者は大幅に減少している。2009 年度後半の第 20 回の試験では受験者数は多少持ち直したが、2011 年度以降突然中止となった。日本で就職する留学生にとって、日本語能力試験合格の次に目指して定着していたテストだけに残念である。現在日本の会社に就職を希望している留学生は日本人と同じ SPI2 などの試験を受けさせられているのが現状であり、日本留学試験における大学の取り組みと同様、留学生のための自前の就職試験を開発してこなかった日本の企業の体質は問題にすべきと考えている。

⑥　大臣官房国際課

　ここでは、日本国内の外国人学校を管轄している。民主党政権の目玉政策の一つの「高校無償化」施策でブラジル人学校などは無償化された（「高等学校等就学支援金制度における外国人学校の決定について」4月30日文部科学省報道発表、http://www.mext.go.jp/b_menu/houdou/22/04/1293362.htm）が、北朝鮮との関係で朝鮮人学校の扱いが現状では不明となっている。この無償化については、初等中等教育局高校修学支援室が担当していて、副大臣のほうでも鈴木寛副大臣の担当となっている。その鈴木副大臣は5月27日の記者会見では、この件に関して「高等学校等就学支援金の支給に関する検討会議」を立ち上げたと発表した。ただ、この会議の委員名も未公開とし、議事録の公表も未定ということである（http://www.mext.go.jp/b_menu/daijin/detail/1294363.htm）。この問題に関する文部科学省の取り扱いの慎重さが、目立つ。また、経済状態の悪化に伴い、日系人の解雇されるケースが多くなっていて、それと連動するように日系人の子どもたちの不就学の問題も起きている。初等中等局国際教育課と一緒になっての素早い対応が望まれる。この点については、田中宏氏の論文「歴史的逆行は許されない」（『世界』2010年5月号）がある。

- 定住外国人の子どもの教育等に関する政策懇談会

　　http://www.mext.go.jp/b_menu/shingi/chousa/kokusai/008/index.htm

　　大臣官房国際課企画調整室では、定住化した「外国人の子どもや留学生を含む外国人に対する日本語教育や就職支援等の課題について」意見交換を行う会としてこの懇談会を開催している。主宰は国際担当の中川文部科学副大臣である。この24人からなる懇談会は、委員を5人程度のグループに分け懇談事項の意見交換を行うが、その意見の取りまとめは行わないという不思議な懇談会である。各委員からの提出資料は利用価値がある。2010年2月10日に中川文部科学副大臣は記者会見で、この懇談会で扱われた課題を「内閣府を中心に」「副大臣レベルで」「擦り合わせをしてパッケージで」政策を作っていくと発言している。5月19日には、「『定住外国人の子どもの教育等に関する政策懇談会』の意見を踏まえた文部科学省の政策のポイント」が、大臣官房国際課企画調整室から発表されている。

これについては、本稿の最後でふれる。

2.4　文化庁
① 文化部国語課

　ここでは、日本語教育実態調査や日本語教育大会（最近では、日本語ボランティア関係では最大の集会となっている）を実施したり、「『生活者としての外国人』のための日本語教育事業」も行い日本各地の日本語教室の運営や指導者の育成を行っている。文化庁のウェブサイトの「国語施策・日本語教育」のURLに資料が出ている。

http://www.bunka.go.jp/kokugo_nihongo/index.html

　また、現在日本語教育に関する重要な委員会と会議も開かれている。

- 日本語教育小委員会

　http://www.bunka.go.jp/kokugo_nihongo/bunkasingi/nihongo.html

　この委員会では日本語教育に関する将来計画だけでなく、現状把握のためのいくつかの調査や研究も行われているが、2007年7月以来20回以上の会議が開かれているにもかかわらず日本語教育学会ではその報告などが一度も行われていない。

　「生活者としての外国人」という用語は「定住外国人」と並んで定義の曖昧な用語で、「移民」という用語の使用を避けるために使っているとしか思えない。ここで扱われているカリキュラムは外国人で日本に一定期間住む人たちを対象にしていると思われるが、そのために扱う内容は多岐に渡っている。ここであげられている事項の中には、賃貸契約書の内容・銀行口座開設に必要な資料・日本の法規の特徴や概要・「労働条件通知書」の理解・労働者団体の情報・就業上必要なスキルなどが含まれていて、田尻は扱われて当然な事柄だと考えるが、従来の日本語教師養成課程の卒業生や日本語ボランティアには対応が難しい。このカリキュラムを使うためには、かなり大部なマニュアルが必要になるであろう。「職場の人間関係を円滑にする」という項目などは、一つ間違うと日本文化の押し付けになりかねない。このカリキュラムを実施する場合には、準備のための十分な時間と人員が必要である。2010年5月19日の文化審議会国語分科会で、

このカリキュラムの案が報告されている（http://www.bunka.go.jp/kokugo_nihongo/bunkasingi/kokugo_44/pdf/shiryo_5_ver2.pdf）。これについては、本稿の最後でふれる。

- 日本語教員等の養成・研修に関する調査研究協力者会議
  http://www.bunka.go.jp/bunkashingikai/kondankaitou/nihongo_kyouin/youkou.html
  　この会議は、「大学や日本語学校等における日本語教員の養成を含む日本語指導者の養成・研修について現状に関する調査を行い、課題の整理を行う」ためのものである。田尻もこのメンバーの一人である。この会議はまだ始まったばかりであり、実施期間も2011年3月までであるので、どこまで調査・研究ができるかわからない。ただ、今後の日本語教師の専門性を考えるときに、重要な方向性を示す会議となることは間違いない。
  　また、この国語課では二つの法人を所管している。
- 社団法人日本語教育学会　http://wwwsoc.nii.ac.jp/nkg
  　会員約4,400人の日本語教育関係では最大の学会である。年2回の大会、各地の研究集会、年3回の学会誌発行、教師研修などの事業が行われていて、2009年度までは国際交流基金の資金援助があったが、2010年度からはなくなった。会員の質量を考えると、日本語教育関係に最大の影響力を持つ団体であるが、この学会のホームページには学会員外の方が情報を得ようとしても利用できるものが少ないことは問題だと田尻は考えている。「会員のページ」はもっぱら学会から会員への情報提供だけで、会員からの問い合わせは学会事務局へemailを出すしか方法はないようである。学会内の特定テーマについては、学会規定のある「テーマ研究会」と常任理事会の承認で設定できる「ワーキンググループ」の二つがある。「日本語教育振興法法制化ワーキンググループ」（http://www.houseika2012.net/wordpress/）と「看護と介護の日本語教育ワーキンググループ」（http://wwwsoc.nii.ac.jp/nkg/kangokaigo/）は、テーマ研究会とは違い一般会員は参加できないようになっている。この二つのテーマについての学会の基本的な考え方は、対外的にはワーキンググループの検討結果で示されることになる。このワーキンググループや日本語教育学会そのものについての田尻

の考えは、「4　日本語教育政策の提言」の箇所で詳しく述べる。なお、このサイトの「ニュース」や「学会からのお知らせ」には内容の重複するものがあり、整理して掲載すべきである。

　年2回の大会や各地の研究集会では多くの発表がなされている。このエネルギーを学会理事会や事務局が受け止めていけば、相当の発信力を持つ学会になれるはずである。外国人の子どもたちの日本語教育に関しては、日本語教育学会会員が異文化間教育学会で多く発表しているようなケースもあるのが残念である。

- 公益社団法人国際日本語普及協会（AJALT）　http://www.ajalt.org/
　1970年に日本語教育研究会西尾グループとして始まった団体が、1977年に社団法人化し、2010年に公益社団法人化した機関である。日本語テキスト作成のほかに、インドシナ難民や技術研修生への日本語教育にも関わっている。日本語教育界ではトップクラスの老舗の機関である。現在、各地の日本語教室への助言なども行っている。

2.5　経済産業省

① 　経済産業政策局
- 財団法人国際研修協力機構（JITCO）　http://www.jitco.jp/
　外国人研修生・技能実習生の受け入れを行っている機関である。この受け入れ制度自体が現在多くの問題点を持った制度であることは、外国人研修生問題ネットワーク（編）の『外国人研修生時給300円の労働者』（明石書店、2006）、外国人研修生権利ネットワーク（編）『外国人研修生時給300円の労働者2』（明石書店、2009）、「外国人労働者問題とこれからの日本」編集委員会『〈研修生〉という名の奴隷労働』（花伝社、2009）などを見ていただきたい。問題は、団体監理型の受け入れで多く起こっている。外国の送り出し機関やそこに応募してくる人たちは日本での就労を考えているのに、研修生の期間は就労が認められないため賃金の面で不満が出ているし、実際受け入れ機関では彼らは安い労働力という意識しかないため、各地で裁判が起こされている。技能実習生になっても、なかなか正規の労働者にはなれないのが実状である。この研修・技能実習制度で入国する人

たちは中国人やインドネシア人が多く、現在日本の外国人就労支援対策費は南米の日系人向けであることを考慮すると、実態と支援対象のズレが起きていることがわかる。彼らに対する日本語教育については、2010年3月に郵送による「『外国人研修生・技能実習生の日本語調査』第一次調査　速報」が出ているが、日本語教育関係者にとって欲しい情報は得られなかった (http://www.jitco.co.jp/about/data/chousa_houkoku/prompt_report.pdf)。

　中小企業庁経営支援課の「外国人研修・技能実習制度適正化指導事業」も、2010年度予算では2千万円減の3千万円となっている。なお、2010年7月1日から、法務省のところで詳しく述べる法改正により、在留資格は「技能実習」となり、1年目は技能実習1号ロとして研修を受け、技能検定基礎2級試験に合格すれば技能実習2号ロとなり、合計3年間（講習の時期を除けば）労働関係法規適応の対象となる。

- アジア人財資金構想　http://www.ajinzai-sc.jp/index.html

　これは政府関係機関ではないが留学生が関わる多額の事業なので、ここで扱うことにする。この構想は2009年度の事業仕分けで廃止と決まり、2010年度はその経過措置の分しか予算化されておらず、15億円減の19億円が計上されている。この構想の実態はまったく外部からは検証することができず、どの程度効果が上がっているかが不明である。事業仕分けで廃止となったのは、その点では納得できる。ただ、この構想をきっかけにビジネス日本語というものが以前より注目されて少しは研究・調査が進んできていただけに、今後のこの分野の研究の進展が気になるところである。ビジネス日本語については、次の海外技術者研修協会のところでも言及する。

② 　貿易経済協力局

- 財団法人海外技術者研修協会（AOTS）　http://www.aots.or.jp/

　この機関は開発途上国の技術者・管理者を対象に研修を行う機関で、日本語教育センターを内部に持つものである。最近は、EPAによるインドネシアやフィリピンの看護師・介護福祉士候補者への日本語研修を行っていて、ときどき新聞に記事が出ている。田尻はこの協会の看護師・介護福祉士候補

者への日本語研修事業は評価しているが、ただ実際的に担当できる期間があまりに短くて研修の効果があまり出ていないと考えている。国際交流基金関西国際センターが2008年のインドネシアの介護福祉士候補者だけ関わったが、今後はこの事業に対してはAOTSが中心的に関わることになるであろうから、日本語教育センターのメンバーを核にして実績のあがる研修制度を作っていっていただきたい。

　また、この協会は前に述べたアジア人財資金構想のビジネス日本語教育のために「平成18年度　構造変化に対応した雇用システムに関する調査研究（日本企業における外国人留学生の就業促進に関する調査研究）報告書」(http://www.meti.go.jp/press/20070514001/gaikokujinryugakusei-hontai.pdf)を作成し、ここには膨大な研究論文リストも付されている。今後、ビジネス日本語の研究立案をする場合に、もっとも頼りになる文献の一つである。AOTSは同時にビジネス日本語の教材も作成しているが、現在は著作権の問題もあり公開されていないのは大変残念である。なお、2010年5月19日に日本語教育学会内にテーマ研究会として「ビジネス日本語研究会」が立ち上がり、その事務局はAOTS日本語教育センターに置かれている。

- 財団法人オイスカ（OISCA）　http://www.oisca.org/

　外国での農業開発や環境保全の活動のほかに、日本国内での研修生・技能実習生の受け入れも行っている。たとえば、中部日本研修センターでは3か月間日本語などの基礎研修を行っていることが紹介されているが、どのような日本語教育を行っているかはウェブサイトには書かれていない。この受け入れ事業は、他の機関の事業と統合して、国としての評価にたえるシステムを新しく構築すべきである。

③　通商政策局

- 独立行政法人日本貿易振興機構（JETRO）

　http://www.jetro.go.jp/indexj.html

　この機構で日本語教育に関する事業では、BJTビジネス日本語テストがあった。しかし、このテストは2006年11月の総務省政策評価・独立行政法人評価委員会で廃止・民間移管の勧告が出て、同年12月の行政改革推進本部で了承されたことから、2009年度から日本漢字能力検定協会が

継承している。しかし、この協会のウェブサイトを見ても、JETROが運営をしていたときのような詳しい情報は出てこない。2011年度以降中止となった現在、今後の留学生の採用に影響が出てくる可能性がある。本来このようなテストが実効性を持つためには、企業に影響力を持つ機関がこのテストを実施すべきで、民間機関に移管すべきではなかったと考えている。

2.6　総務省
① 　自治行政局地域政策課国際室

　ここでは、山脇啓造明治大学教授を中心として「多文化共生の推進に関する研究会」が開かれ、2006年に「『多文化共生推進プログラム』の提言」（http://www.soumu.go.jp/menu_news/s-news/2006/060307_2.html）を、2007年には「多文化共生の推進に関する研究会報告書」(http://www.soumu.go.jp/menu_news/s-news/2007/070328_3.html) を出している。この二つの報告書は、国レベルで定住化している外国人を「多文化共生」という概念でまとめて扱った最初のものである。これ以降、「多文化共生」という用語は総務省の所管法人自治体国際化協会の活動で使われているものが中心となっている。この研究会には、日本語教育関係者は参加していない。外国人の日本語習得については、多文化共生センターの田村太郎氏の意見が反映されている。提言をつくる段階で日本語教育関係者が総務省・山脇氏・田村氏に積極的に関わっていれば、各地の日本語教室への支援がもっと効果的になっていた可能性がある。現在では、文化庁文化部国語課が全国の日本語教室の状況を全体的に把握しようとしている。

- 多文化共生の推進に関する意見交換会
    http://www.soumu.go.jp/main_sosiki/kenkyu/tabunka/index.html
　明治大学山脇啓造教授を座長として、宮城県・神奈川県・愛知県・大阪市・磐田市・新宿区と自治体国際化協会などが構成員となっている。多文化共生を推進する地方公共団体の意見交換会を通じて、課題の明確化を図るのがテーマである。

- 財団法人自治体国際化協会（CLAIR）　http://www.clair.or.jp/
　「CLAIR REPORT」を刊行して、各地の多文化共生に関わる活動を紹介している。この協会は、全国の日本語教室の運営に関わっている国際交流協会のとりまとめをしている。
- 財団法人全国市町村国際文化研修所（JIAM）　http://www.jiam.jp/
　全国の市町村の人材育成のために、地域の国際化や多文化共生に関する多くの講座を開いている。また、前の自治体国際化協会と共に、多文化共生マネージャーの研修も行っている。ただ、この研修所は総務省の所管特例民法法人の欄には出てくるが、内容がすべて空欄になっていて主管部署は不明である。仮に、ここに掲げておくことにする。メールマガジンに山脇啓造氏執筆の「多文化共生社会に向けて」がある。
② 　自治行政局市町村課外国人台帳制度企画室
- 外国人台帳制度に関する懇談会
　　http://www.soumu.go.jp/main_sosiki/jichi_gyousei/c-gyousei/zairyu_1.html
　入管法等改正法が公布される 2009 年 7 月 15 日から 3 年以内で始まる外国人台帳制度を、法務省と共に企画立案した懇談会である。筑波大学藤原静雄教授を座長として地方公共団体や山脇啓造教授などが参加している。外国人の人名表記なども検討課題となっている。

2.7　法務省
① 　入国管理局総務課

　入国管理局自体は、外国人の日本入国出国に関わる業務を行っている。前に JITCO の説明の箇所でふれたように、2009 年 7 月 15 日「出入国管理及び難民認定法及び日本国との平和条約に基づき日本の国籍を離脱した者等に関する特例法の一部を改正する等の法律」が公布され、新たに外国人台帳制度、新しい研修・技能実習制度などや「留学」と「就学」の一本化などが行われることとなった。
- 財団法人日本語教育振興協会
　文部科学省の項で説明している。

- 財団法人国際研修協力機構

    経済産業省の項で説明する。

2.8　外務省

　外務省では日本語教育などの事業を広く「文化外交」と位置づけて、そのサイトも作成している。http://www.mofa.go.jp/mofaj/gaiko/culture/index.html
＊海外交流審議会　http://www.mofa.go.jp/mofaj/annai/shingikai/koryu/index.html
　外務大臣の諮問機関である海外交流審議会では、2007年に「日本の発信力強化のための5つの提言」を発表し、その提言の一つに「日本語教育拠点を100カ所以上に展開、日本文化『ふれあいの場』を新展開」がある。また、2008年には「我が国の発信力強化のための施策と体制」を発表し、日本語学習拡大のニーズに対応して、ボランティアの活用や「入国や在留に係る手続きにおいて日本語能力を重視すること」などの施策の方向性も示している。

① 大臣官房広報文化交流部人物交流室

- 財団法人日本語教育振興協会

    文部科学省の項で説明している。

- 外交官日本語研修

    国際交流基金関西センターで行われている。

- 語学指導等外国青年招致事業（JETプログラム）

    1987年から行われている事業で、外国から外国語指導助手や国際交流員となる人を招致している。2010年6月15日に外務省内部で行われた行政事業レビューで、「抜本的改善」が必要という結果となった。

② 大臣官房広報文化交流部総合計画課

- 日本文化発信プログラム　http://www.joca.or.jp/bunka/jcvp/index.html

    2008年から始まったプログラムで、ブルガリア・ハンガリー・ポーランド・ルーマニアで日本語教育を行ったり、日本のポップカルチャーを発信することを目的としている。これは行政事業レビューで、「廃止」とされた。

③　大臣官房広報文化交流部文化交流課
- 社団法人日本語教育学会
　　文化庁の項で説明している。
- 独立行政法人国際交流基金　http://www.jpf.go.jp/j/
　　「日本語事業方針」(http://www.jpf.go.jp/j/japanese/img/policy/policy.pdf)として、外国の初等中等教育機関での日本語科目導入や高等教育機関での日本語専攻の立ち上げ、日本語スタンダードの開発、日本語能力試験の拡充、遠隔教育での学習支援サイトの開発などをあげている。日本語教育に関しては、日本語国際センターや関西国際センターがある。そのほか、日米センター・日中交流センターも併置している。「方針」にあるように、新しい機関での日本語教育の拡充は大事なことだが、過去の日本語教育で実績のある外国の機関への支援も必要なことである。事業仕分けで予算が削減されているが、基金の日本語教育に果たした功績は多大なものがあり、今後は特に日本語教育関係に予算を多くかけてほしいと考えている。基金の日本語能力試験についての取り組みについては、「4　日本語教育政策の提言」で詳しく述べる。
- 財団法人国際文化フォーラム　http://www.tif.or.jp/
　　外国で日本語教育を行うための素材の開発のほかに、日本の高等学校での中国語教育や韓国語教育の支援も行っている。2007年には、「高等学校の中国語と韓国朝鮮語：学習のめやす(試行版)」を作成している。
　　http://www.tif.or.jp/jp/publication/wakaru/meyasu2007v00.html

④　国際協力局政策課
- 独立行政法人国際協力機構(JICA)　http://www.jica.go.jp
　　開発途上国の社会・経済の開発を支援する機関であるが、この活動の一部として青年海外協力隊やシニア海外ボランティアとして日本語教師が派遣されている。最近では、重点国の日本語教育は国際交流基金が、その他の国は青年海外協力隊が派遣されているようにみえる。若い人で日本語教師を目指している人には大事な仕事だが、ODAとの関連で派遣の期日や人数が一定していないことが問題である。

⑤　国際協力局無償資金・技術協力課
- 財団法人日本国際協力センター(JICE)　http://jice.org/
　2009 年から日系人求職者を対象に、日本語コミュニケーション能力の向上を目指し全国 60 の地域で「日系人就労準備研修事業」を行っている。この事業の概要は、なぜか厚生労働省職業安定局外国人雇用対策課から発表されている (http://www.mhlw.go.jp/stf/houdou/2r98520000005ssn.html)。

⑥　国際協力局民間援助連携室
- 財団法人オイスカ(OISCA)　http://www.oisca.org/
　経済産業省の項で説明している。

⑦　領事局外国人課
- 財団法人国際研修協力機構
　経済産業省の項で説明している。
　＊国際機関国際移住機関(IOM、http://www.iomjapan.org)のシンポジウムなどに領事局外国人課が関わっているが、IOM では文部科学省大臣官房国際課企画調整室の「定住外国人の子どもの就学支援事業」を行っている。2010 年度は、42 件 39 団体が採択された。外国人の子どもが日本の小中学校に入れば文部科学省初等中等教育局が管轄し、外国人学校は大臣官房国際課が担当するというようなシステムになっている。将来的には、この二つの部署の役割は一つに統合されるべきである。

⑧　総合政策局人権人道課
- 財団法人アジア福祉教育財団難民事業本部　http://www.rhq.gr.jp/
　インドシナやミャンマーの難民などの定住促進のため RHQ 支援センターでは、572 時間 (1 時間 = 45 分) の日本語教育を行っている。そのほか、特別日本語教室も開かれている。

⑨　欧州局ロシア支援室
　国際機関日露青年交流委員会の事務局日露青年交流センターの活動として、日本語教師の派遣が行われている。http://www.jrex.or.jp/

2.9　厚生労働省
① 　大臣官房国際課
- 社団法人国際厚生事業団(JICWELS)　http://www.jicwels.or.jp/

インドネシアやフィリピンからの看護師・介護福祉士候補者の受け入れを行っており、それに伴う日本語教育も担当しているが、そこでは多くの問題点があることは拙著『日本語教育政策ウォッチ 2008』に指摘したとおりである。看護師や介護福祉士の国家試験は、表記・用語の面を始めとしてインドネシア人やフィリピン人に多大な負担を強いている。国際厚生事業団は、この点についての社会的な反響の大きさから 2009 年度から e ラーニングシステムの一部を先行実施することになった。この経済連携協定(EPA)は外務省・財務省・農林水産省・経済産業省・厚生労働省などが関わって実施しているため、責任体制がはっきりしていない。たとえば、2010 年 1 月 17 日の外務省プレスリリース「日・インドネシア外相会談」(http://www.mofa.go.jp/mofaj/press/release/22/1/0117_04.html)では、岡田外相は、インドネシアの外相から直接日本の国家試験受験への配慮を要請されている。このときの対応は、外務省南部アジア部南東アジア第二課が行っている。2010 年 3 月 26 日、厚生労働省医政局看護課はインドネシア人 2 名とフィリピン人 1 名が看護師の国家試験に合格したことをわざわざ報じている(http://www.mhlw.go.jp/stf/houdou/2r98520000005alw.html)。しかし、この 3 名は特別な例と考えるべきで、この試験システム自体が抱える問題点は相変わらず残ったままである。2010 年度は、インドネシア・フィリピン共に当該国から派遣される人数が減少しているだけでなく、日本側の受け入れ機関数・受け入れ人数も大幅に減少している。早くも、この施策が行き詰っていると見るべきである。なお、「インドネシア人介護福祉士候補者受入実態調査の結果について」は社会・援護局福祉基盤課から(http://www.mhlw.go.jp/stf/houdou/2r985200000054my.html)、「インドネシア人看護師候補者受入実態調査の結果について」は医政局看護課から(http://www.mhlw.go.jp/stf/houdou/2r985200000051tf.html)から発表されている。二か所の発表部署は統合すべきであるが、この資料から日本語でのコミュニケーションに苦労している現場が垣間見える。なお、NNA.

ASIA（アジア関係のニュースサイト）によると、看護師・介護福祉士の資格取得のために、2010年度予算では10倍以上の支援予算を組んでいる（http://nna.jp/free/news/20100329idr002A.html）。

　2010年5月18日に厚生労働省内の事業仕分けで、研修・国際会議等事業、外国人看護師・介護福祉士受入事業、組織・運営体制のすべてが、「改革案では不十分」と仕分けられた。ちなみに、看護師国家試験は医政局医事課試験免許室が担当し、2010年6月より「看護師国家試験における用語に関する有識者検討チーム」において看護師国家試験の用語の見直しが行われている（http://www.mhlw.go.jp/shingi/2010/06/s0623-18.html）。介護福祉士国家試験は社会・援護局が担当し財団法人社会福祉・試験センターが実施している。この試験も用語の見直しをする（http://www.mhlw.go.jp/stf/houdou/2r9852000000rifx.html）。

② 職業能力開発局外国人研修推進室
- 財団法人国際研修協力機構
　　経済産業省の項で説明している。
③ 職業能力開発局海外協力課
- 財団法人海外職業訓練協会（OVTA）　http://www.ovta.or.jp
　　技術研修のため来日する外国人向け日本語研修を担当している。宿泊施設もあり、日本語研修は1時間3,500円か4,000円かかる。日本語の実務研修は、1時間1万円となっている。技術研修に来る普通の外国人には、このような金額は払えない。
- 財団法人オイスカ
　　経済産業省の項で説明している。
④ 職業能力開発局総務課
- 雇用・能力開発機構　職業能力開発総合大学校
　　http://www.uitec.ehdo.go.jp/examination/international/02.html
　　日本の国費留学生として長期課程はインドネシア・マレーシア・フィリピン・タイ・スリランカ・ベトナム・メキシコ・カンボジア・ラオスから16名、研究課程はインドネシア・マレーシア・フィリピン・タイから2名を受け入れているが、そこでの日本語教育はすべて外部委託である。ま

た、技術研修生としても5～8名を受け入れている。長妻厚労相はこの大学校を一時募集停止としたが、留学生を受け入れているため「国際問題になる」と言われて撤回している(毎日新聞東京版2010年5月1日)。このような大学校を募集停止にしても、受け入れの留学生を他の機関に移せばよいので、国際問題にはならない。それとも、それらの留学生を他の機関に移せない理由があるのであろうか。
⑤ 社会・援護局援護企画課中国残留孤児等対策課
- 財団法人中国残留孤児援護基金　http://www.engokikin.or.jp/jigyo.html
　　中国残留邦人支援のための機関である。全国的な規模で起こされた裁判でやっと勝ち取った国からの支援は、この基金のウェブサイトの「新しい支援」で見ることができる。日本語修得のためのテキストも作っているし、地域での日本語教育支援も行われることになっている。

2.10　農林水産省
① 大臣官房情報評価課(情報分析・評価室)
　　農業・食品製造分野で中国を中心とした技術研修生・技能実習生の受け入れが増加しているが、この分野の施策の評価をこの課が担当している。
② 大臣官房国際課
- 財団法人オイスカ
　　経済産業省の項で説明している。

2.11　国土交通省
① 住宅局
　　留学生の公営住宅入居を推進している。
② 総合政策局
- 財団法人国際研修協力機構
　　経済産業省の項で説明している。

3 今までの日本語教育政策の検討

3.1 日本語教育学会の二つのワーキンググループについて

　日本語教育学会内には二つのワーキンググループが活動していて、その検討結果が学会の考え方として発表されるようである。この二つのワーキンググループは 2009 年 8 月に理事会により承認されて発足しているが、その内規は 2010 年 5 月 22 日の日本語教育学会春季大会の総会で初めて示され、「特定課題事業」という位置づけを与えられた。このように、実態を先行させて会員への報告は事後承諾のような形式をとることは、日本語教育学会のように大きな学会の運営方法としては好ましくないと考える。この内規は、2010 年 8 月段階でまだ学会のウェブサイトに載っていない。このワーキンググループで本稿に関わるのが「日本語教育振興法法制化ワーキンググループ」(http://www.houseika2012.net/wordpress/)で、田尻が以下に説明する日本語教育政策の提言の内容と重なる部分があるため、最初にこのワーキンググループ(以下、法制化 WG と略称)と田尻の考え方の違いについて述べる。

　法制化 WG は、今日本に住んでいる「外国人の受け入れ体制の根幹をなすべき日本語教育政策」(サイトのシンポジウムのお知らせの文章にある言葉)を検討すると説明している。学会のシンポジウムでもメンバーの一人が「定住外国人」という用語を使っていたが、外国人をそのような用語で括っては外国人の実態が見えてこない。田尻は、日本における在住外国人の将来像をまず示し、その将来像の中での日本語教育の役割を構想し、そのうえで日本語教育の対象と想定している外国人の国籍・ビザの種類(特に日本に家族で居住できるかどうか)とその就業内容・居住地域等々の実態分析を行い、その実態に合わせて日本語教育政策を構想する必要があると考える。法制化 WG は日本語教育の枠の中でどのような日本語教育をすべきかを考えて、対象を日本語学習者として研究対象としてだけ捉えているようにみえるが、田尻は対象を人格のある外国人という人間と考え、その生活環境等も考慮に入れてトータルな捉え方をしたうえで、日本語教育がどのように関われるかを考える。したがって、現在のところ法制化 WG が扱っていない外国での日本語教育や外国人の子どもたちの母語保障も日本語教育政策の大

事なテーマと考える。2010年3月20日に行われたシンポジウムでの資料には、山田泉氏が「法制化を要請する社会的背景」について述べているが、法制化WGの「目的」とこの点がどのように関わっているかはサイト上からは見えてこない。同じ日本語教育学会の活動でも、文化庁の日本語教育研究委託による「外国人に対する実践的な日本語教育の研究開発」(http://bunka.go.jp/kokugo_nihongo/kyouiku/seikatsusya/h20/pdf/hokoku.pdf)では、調査対象を「就労者」や「配偶者」のように分けて扱っている。このように対象者の扱いに違いがみられることから、学会内部での相互の問題意識における共通理解がはかられていないように感じられる。少なくとも、このような法制化WGの構想からは、現在のような厳しい経済状態のもと、新しい「国立日本語教育研究所設立」の要求は説得力を持たないと田尻は考える。

　また、「看護と介護の日本語教育ワーキンググループ」(以下、看護WGと略称)も、「日本語の習得は、実際の業務や国家試験のためにも、生活者としても必須のもの」としているが、「現在の活動目標」には生活者としての日本語の取り組みは扱われていない(http://wwwsoc.nii.ac.jp/nkg/kangokaigo/)。「研修内容」には介護分野の日本語教育しか言及されていない点は大いに気になるが、特に「介護福祉分野の日本語教育専門家の養成」という点は理解できない。かりに、このような専門家を養成しても、どの程度の需要が見込まれるのであろうか。また、どのような機関で養成しようと考えているのであろうか。日本語教育学会の日本語教師研修コースとして、「日本語教師が知っておきたい『介護の話』」が2010年5月に開かれたが、その説明として「介護の世界から日本語教育業界への支援の要請が高まって」いるとあるが、田尻の理解では日本語教師に介護の知識を要求するような公的な動きは見られない。そもそも、「日本語教育業界」とは、どんな実態を指すのであろうか。インドネシアの学習者についても、すでに言われているように介護福祉士という資格はインドネシアになく、せっかく日本で介護技術を学んでも、EPAの本来の目的である経済連携としてのインドネシアでの介護技術の利用は考えにくい。また、介護関係の学部を持つ日本の大学を卒業した留学生を「介護」という新しいビザで在留資格を与えようという動きも第4次出入国管理基本計画(以下「基本計画」と略称)でふれられて

いる (http://www.immi-moj.go.jp/seisaku/keikaku_100330_honbun.pdf)。この「基本計画」については、以下での必要な箇所でも扱うことにする。また、このサイトの「国家試験関係」では、「出題形式改善」を提言するのは理解できるが、「国家試験の内容」についても言及している点は理解できない。国家試験の内容などの提言は、日本語教育関係者にできるのであろうか。

　法制化 WG と看護 WG に共通している点は、日本語教育関係者は現在の日本人の意識などを変える努力をすることなく、外国人の日本語習得だけに関わろうとする姿勢である。これでは、一つ間違うと日本語教育関係者は外国人に日本語を押し付ける役目だけを果たすことになりかねない。この点については、日本語教育関係者の慎重な対応が必要だと考えている。二つの WG のサイトでは、共に WG の出発時のメンバーだけで進めていくということになっている。会員からの意見は聞くというスタンスはあるが、サイト上で他の会員とのディスカッションを通して考えをまとめていくという姿勢は見られない。学会員の多くの意見を聞きながら進めていくという形を取ってほしいと思う。

　ウェブサイトで読むことができる情報に限って言えば、法制化 WG と看護 WG が考えている日本語教育の目的・目標と田尻が本稿で展開しているそれとは、視点が大きく異なっていると言える。田尻は従来の日本語教育の枠組みにとらわれず、他の言語教育の分野で同じ思いを持っている方々との連携を目指している。

　また、WG が法制化と看護だけしかない点も問題である。喫緊のテーマとしては、研修生・技能実習生、外国人高度人材、第三国定住難民などの言語習得もあり、日本語教育学会がどのような視点でこのような WG だけを作っているのかよくわからない。

3.2　日本在住の外国人への施策の検討

　前にも述べたように、日本在住の外国人を「定住外国人」というような法的に規定されていない用語を使って捉えるのではなく、ビザの種類・居住地域・職業の種類・年齢などの違いにより扱うべきだと考えている。ただし、本稿では以下のグループ分けを体系的に扱う材料が揃っていないことから、

問題となっているトピックを中心的に扱うことをお許しいただきたい。外国人の在留状況は、法務省の「平成21年版『出入国管理』日本語版」を使う (http://www.moj.go.jp/NYUKAN/nyukan90.html)。

2010年3月3日から13日まで、読売新聞の「教育ルネサンス」に「日本語を学ぶ」という特集記事があり、多方面から在住外国人の日本語問題を取り上げていて、有益である。13日の記事に田尻も出てくる (http://www.yomiuri.co.jp/kyouiku/renai/index.7.htm)。

3.2.1　中国人

2009年末現在の外国人登録者数は218万6,121人で、日本の総人口の1.71％を占めている。そのうち、中国人は2007年からトップに立ち登録者数全体の31.1％で、以下、在日コリア26.5％、ブラジル12.2％、フィリピン9.7％、ペルー2.6％となっている。ただ、中国人がどのような在留資格で滞在しているかという詳しい数字は、法務省の資料からはわからない。2008年末の外国人の在留資格別では「永住者」という資格の登録者数がもっとも多いが、その「永住者」でも中国人はトップで29％、ブラジル人は22％、フィリピン人は15％となっている。一般永住者の増加は、永住資格を取得するために必要な日本での在留期間原則20年を10年に短縮した1998年の入管行政の方針変更があると考えられている (http://sankei.jp.msn.com/life/trend/100314/trd1003142241012-nl.html)。その「永住者」の多くは、日本人と結婚している配偶者と推測されている (宮島喬 (2003)『共に生きられる日本へ』有斐閣)。この場合、子どもが日本国籍を取得していれば、文部科学省の「日本語指導が必要な外国人児童生徒」には含まれず、支援が届きにくいことが考えられる。

国籍別外国人労働者数でも中国人がもっとも多く44.3％で、以下、ブラジル18.5％、フィリピン8.7％となっている。中国人の労働者としての在留資格では技術研修生等の「特定活動」が34.4％、留学生等の「資格外活動」が25.1％、日本人と結婚して配偶者となって働く場合の「身分に基づく在留資格」が18.2％となっている。

中国人は、留学生等でも全体の64.1％を占め、研修生では75.7％、日本

人の配偶者等でも毎年増加している。つまり、研修生・技能実習生の問題といえば、その多くは中国人の問題だということになる。

　居住地域という点では、中国人は全国的に広く居住している。特に、東京・大阪・埼玉・千葉・神奈川・兵庫などには多数の中国人が住んでいる（http://www2.ttcn.ne.jp/honkawa/7350.html）。

　これに中国残留邦人とその家族呼び寄せの多い地域を加えなければいけない。家族呼び寄せについては詳しい数字が発表されていないので、全体像はつかめない。

　つまり、中国人は全国的に居住していて、在留資格では研修生・留学生・日本人と結婚した配偶者が多いので、中国人への日本語教育の施策もそれぞれ別個に行う必要がある。また、現在高等学校に在学している外国人の子どもの母語は49.2％が中国語なので、これらの子どもへの言語支援は喫緊の問題となっている。朝日新聞で2010年2月10日から始まった「シリーズ『在日華人』」にいろいろな実態が描かれている（http://www.asahi.com/special/kajin/）。

3.2.2　ブラジル人

　ブラジル人については、1989年に「出入国管理及び難民認定法」が改正され、翌1990年に施行されたことにより、多数が入国することとなった。在留資格でも、日系2世は「日本人の配偶者等」、日系3世は「定住者」、日系2世・3世の配偶者や日系4世も「定住者」となった。さらに、中国人の項で述べたように、1998年に一般永住者の資格が取りやすくなり、またこの年は景気後退局面に入ったので、日本での滞在資格を確実化するためか永住資格を取得するブラジル人が急増する傾向が現れた（http://www.nikkeyshinbun.com.br/081031-71colonia.html）。一般永住者でブラジル人が多い県は、愛知県を筆頭に、静岡県・岐阜県・三重県・群馬県・茨城県・長野県・滋賀県と続いている。

　「身分又は地位に基づき在留する外国人」のうち、「日本人の配偶者等」の資格では現在はブラジル人がもっとも多いが（23.8％）、毎年減少しており、中国人（23.4％）は前に述べたように毎年増加している。「定住者」はブラジ

ル人が53％ともっとも多く、2008年にはフィリピン人が第二位（13.8％）となり、中国人は第三位（13.0％）となっている。ブラジル人の99.4％がこの資格で入国しているため就業制限がなく、約20年間日本語教育の支援などがないまま現在に至っている。日本の経済不況により、多くのブラジル人が失業し、ブラジル人学校も閉鎖に追い込まれている。日本語能力の不足から再就職が難しいとして、厚生労働省は「日系人就労準備研修事業」を実施しているが（http://www.mhlw.go.jp/houdou/2009/03/h0331-9.html）、実施機関は外務省の項で述べた日本国際協力センターで、日本語コミュニケーション能力の向上を目指しているとなっている。しかし、その実効性には疑問が残る。

ブラジル人などの子どもの小中学校における日本語指導が、大きな問題となっている。これについては、文部科学省初等中等教育局国際教育課適応・日本語指導係が「『日本語指導が必要な外国人児童生徒の受入れ状況等に関する調査（平成20年度）』の結果について」（http://www.mext.go.jp/b_menu/houdou/21/07/1279262.htm）で最新の情報を見ることができる。この調査によると、母語別では、ポルトガル語が39.8％、中国語が20.4％、スペイン語が12.7％、その他の母語が27.0％となっている。また、このような子どもの在籍が5人未満の学校が全体の8割を占め、特別に指導員を派遣することが難しく、結果的にはそれらの学校の担当する教員だけの負担という形で授業が進められていることが多い。現在、ポルトガル語を母語とする子どもは小中学校に集中しているが、今後はこれらの子どもたちの進学が大きな問題となっている（朝日新聞2010年3月23日朝刊「ルポにっぽん」）。

ただ、この調査では不就学の子どもの調査は含まれていないので、この結果だけで施策を作るべきではない。不就学については、2005～2006年の「外国人の子どもの不就学実態調査の結果について」しか情報はない（http://www.mext.go.jp/a_menu/shotou/clarinet/003/001/012.htm）。2009年3月の「定住外国人の子どもに対する緊急支援（第2次）～定住外国人子ども緊急支援プラン」（http://www.mext.go.jp/b_menu/houdou/21/03/1259580.htm）の中の「ブラジル人学校等の実態調査研究結果について」でも「自宅・不就学」の数字が出ている。

このような厳しい状況にもかかわらず、外国人のこどもの学習支援については、2010 年度予算では「外国人児童生徒の総合的な学習支援事業」(1,200 万円) が新規に立ち上げられた以外は、トータルとして 2 億 8,500 万円の減となっている。民主党政権は、外国人に冷たい政策をとっている。日系ブラジル人・ペルー人の年齢別・居住地域別・就学状況就労状況別などの総合的な調査が、至急必要である。

3.2.3　研修生・技能実習生

　1989 年の「出入国管理及び難民認定法」の改正で日系人が多数日本に入ってくるようになったが、その同じ改正で「研修」という在留資格が設けられ、日本の中小企業にも外国人研修生を受け入れることができるようになった。1989 年という年は、日本の外国人受け入れについて大きな転換点となった年である。その後、1992 年には研修期間の要件が緩和され、1993 年には技能実習制度ができ、実質的には外国人労働者が日本でより長期に働けるようになり (現在は 62 職種まで拡大)、2010 年 7 月 1 日からは在留資格「技能実習」が作られ、団体監理型受け入れでいえば技能実習 1 号と 2 号を併せて 3 年滞在ができ、最初の講習の時期を除けば労働関係法規適用の対象となった。団体監理型で多くの問題が発生していることで細かな修正は加えられたものの、日本では一貫してこの種の労働者の受け入れを拡充してきたのである。このシステムが続く限りは、研修生・技能実習生がひどい労働条件化で働かされる状況は変わることがない。状況を改善しようとする意欲を見せるためか、2010 年 3 月 26 日に国際研修協力機構能力開発部援助課は「『外国人研修生・技能実習生の日本語調査』第一次調査報告」を発表した (http://www.jitco.or.jp/about/data/chosa_houkoku/prompt_report.pdf)。この調査は 2000 社に調査用紙を郵送し回収したもので、8 割以上を占める中国人以外からも回答を得るために意識的に調査対象機関を振り分けている。内訳は、中国 609 社、ベトナム 419 社、インドネシア 387 社、フィリピン 335 社、タイ 99 社、その他 57 社、複合国受け入れ 94 社である。「速報」で見るかぎり、日本人や研修生・実習生ともに日常の挨拶や謝罪の場合には日本語を使っており、かろうじて簡単な仕事の指示程度までは日本語を使ってい

るが、それ以上の難しいやりとりには日本語はあまり使われていないという予想された結果しか見られない。

　企業内での日本語教育を積極的に取り組んでいる例としては、財団法人浜松国際交流協会のカリキュラム開発報告書がある (http://www.bunka.go.jp/kokugo_nihongo/kyouiku/seikatsusya/h20/pdf/hamamatsu.pdf)。この報告は、現在2007年度と2008年度のものが公開されている。参照すべき内容である。

3.2.4　看護師・介護福祉士候補者

　前にも述べたように、インドネシアやフィリピンからの看護師・介護福祉士候補者の受け入れ機関も減っているし、実際に両国からやってくる人たちも大幅に減っていて、2年目にして早くもこの連携は破綻をきたしている。今後のことについては入管の「基本計画」では、現在日本で働いている歯科医師・看護師・保健師・助産師・准看護師の就労年限に関わる上陸許可基準を見直すとしている。また、介護分野が「国内人材の重点的な雇用創出分野と位置付けられていること」から日本の「大学等を卒業し、介護福祉士等の一定の国家資格を取得した外国人の受入れの可否について、検討をすすめていく」としている。新たな外国人看護師については言及せず、現在日本で就業している当該資格の方々の在留期間を延長するという点から考えると、入管としては今後の外国人看護師の入国は想定していないということになる。また、介護福祉士についても、この分野は日本人が今後多数就業することが考えられるから、すでに日本の大学等で介護の勉強をしている人たちに新たな在留資格を与える形で対処していこうという姿勢に見える。つまり、介護福祉士についても入管は新たな入国を想定しないということであろう。

　2010年3月24日に厚生労働省が「インドネシア人介護福祉士候補者受入実態調査の結果について」(http://www.mhlw.go.jp/stf/houdou/2r985200000054my.html)を公表した。引き継ぎ・申し送りや日誌・介護記録の記載については、日本人もインドネシア人も概ね通じているとしているが、日本人の研修責任者は候補者とのコミュニケーションがうまくいかず問題が生じた例が50％あると答えている。ちなみに、この質問を候補者へは

していない。候補者が最も大事な課題としているのは国家試験の勉強だが、施設長・理事長や候補者への質問項目に日本語能力試験の勉強という項があり、田尻にはこの質問の意図がわからない。もしかしたら、この質問を考えた人は、日本語能力試験の延長上に国家試験があると考えたのではないか。田尻は、日本語能力試験と国家試験とは日本語の勉強としてはかなり異なったものと考えている。実際に介護福祉士国家試験の過去問をみると、文章の長さや書き言葉でなれない点を除けば、候補者にとって最大の問題は専門用語の多さである。ここに、インドネシア人における漢字習得の難しさという学習上の問題点が出てくる。大規模で条件の恵まれた病院での成功例は、他の多くの医療機関の参考にはならない。この点については、2.9 厚生労働省①大臣官房国際課の項でふれている本書の安里論文も参照してほしい。

3.2.5 高度人材

　高度人材という語自体の定義をはっきりさせないまま、国の政策は進められている。たとえば、「高度人材受入推進会議」では2009年5月に報告書（「外国高度人材受入政策の本格的な展開を」http://www.kantei.go.jp/jp/singi/jinzai/dai2/houkoku.pdf）を出しているが、そこでは高度人材とは「専門的・技術的分野の在留資格を持つ外国人労働者」と定義している。ここでは当然のように高度人材といえば外国人のことを指すように書かれているが、これまでの文部科学省の用語では必ずしもそうではない。2005年の「派遣型高度人材育成協同プラン」では、日本人の大学院生の長期インターンシップの事業のことであり、2008年では同じ事業が「産学連携による実践型人材育成事業」と名を変えて「高度人材」という語はなくなっている。ちなみに、2010年度予算ではこの事業は専修学校等に対する「専門人材の基盤的教育推進プログラム（新規）」となって生き延びている。外国人問題とは関係ないが、用語だけを取り替えて、予算枠を確保していくという官僚が使う典型的な例として示しておく。

　この報告書で提言されたとおりに、外国人高度人材をポイント制を導入して受け入れることが「基本計画」でも踏襲されている。これは、2010年3月に日本経済団体連合会が「基本計画（案）」に対する意見（http://www.

keidanren.or.jp/japanese/policy/2010/012.html）でも、ポイント制導入の方針を「新たに示されたことを歓迎する」とあることと同じ動きと見ることができる。推進会議の報告では、留学生は「高度人材の卵」とされ、「日本語教育の強化をも含めた重点的な支援」を行うとしていて、「介護分野、高度（再）技能実習制度」も視野にいれている点は、「基本計画」と異なっている。むしろ、どこまでを「高度人材」とするかは、政府レベルでも揺れていると見たほうが正確であろう。

　田尻は、あとで述べるように、日本の企業文化が今のままでは留学生も日本の企業に就職するのをやめる可能性があり、「基本計画」や経団連の意向どおりに進まないと思っている。ただ、日本の大学に留学した学生を教えている個人的な立場としては、留学生には卒業後も日本の社会に住み、日本の将来を日本人と共に担っていってほしいと願っている。

3.2.6　外国人集住都市会議

　外国人が多く住む都市である伊勢崎市・太田市・大泉町・上田市・飯田市・大垣市・美濃加茂市・可児市・浜松市・富士市・磐田市・掛川市・袋井市・湖西市・菊川市・豊橋市・豊田市・西尾市・小牧市・知立市・津市・四日市市・鈴鹿市・亀山市・伊賀市・長浜市・甲賀市・湖南市が年１回集まって、外国人問題を検討する会議である。現在は太田市が担当している（http://homepage2.nifty.com/shujutoshi/）。このサイトには、各省庁や参加している都市の外国人への取り組みの資料が記載されている。これらの都市は日系人が多く住む都市で、その取り組みも企業内や居住地域内での問題（たとえば、日本語学習機会の保障や外国人学校支援など）が取り上げられているが、都市間での取り組みへの温度差もあり、問題処理に重点を置いている都市も見受けられる。2009年11月には「外国人集住都市会議おおた2009緊急提言」を出している。

　これは都市単位の会議であるので、県レベルの会議としては多文化共生推進会議がある（http://www.pref.aichi.jp/kokusai/kyogikai/kyogikai.html）。群馬県・岐阜県・静岡県・愛知県・三重県・滋賀県・名古屋市が参加している。この会議は2009年7月に「多文化共生社会の推進に関する要望」を、内閣

府定住外国人施策推進室・文部科学省の大臣官房国際課と初等中等教育局国際教育課・経済産業省経済産業政策局産業人材政策室・外務省領事局外国人課・内閣官房副長官補佐内閣参事官・法務省入国管理局総務課・総務省の自治行政局国際室と外国人住民制度企画室・警察庁の長官官房国際課と刑事局組織犯罪対策部国際捜査管理官・厚生労働省職業安定局外国人雇用対策課に出している。

　これらの会議体に日本語教育関係者がどの程度関わっているかが見えてこない。日本語教育学会などは、みずから積極的に関わるべきと田尻は考えている。

3.2.7　外国人の子どもたち

　この問題についても、文部科学省内の縦割り行政の弊害が出ている。つまり、日本の小中学校に外国人の子どもが入学する場合は初等中等局国際教育課の担当になり、その日本語指導の予算は財務課で決められ、その子どもが就学前であれば生涯学習政策局が扱い、またその子どもが外国人学校に入学する場合は大臣官房国際課の担当となる。実際の指導にあたっては、都道府県の教育委員会があたるが、ここでも地域毎に対応の違いが見られる。このような状態で、今後一貫した外国人の子どもへの政策はとられるのであろうか。

　また、不就学のこどもの場合、高校受験をしようとすれば「就学義務猶予免除者等の中学校卒業程度認定試験」(http://www.mext.go.jp/a_menu/shotou/sotugyo/1263188.html)を、大学受験のためには「高等学校卒業程度認定試験（旧大学入学資格検定）」(http://www.mext.go.jp/a_menu/koutou/shiken/index.htm)を受けなければいけない。後者は以前から問題が公開されていたが、前者については2009年3月17日の参議院文教科学委員会での山下栄一議員の質問を契機に公開されるようになった。2008年4月の受験者のうち、「日本国籍を有しない」4号受験者は44名いた。公開された問題を見ると、外国人の子どもにはかなり高いハードルとなっていることがわかる。

　現時点の小中学校外国籍の子どもはブラジル人が大部分を占めているが、高等学校在籍者のうち外国籍は中国が多数を占めている。今後は、小中学校

に在籍するブラジル人の子どもが、多数高等学校に進学することになる。この点についての対応策は至急検討する必要がある。

3.2.8 留学生

「留学生30万人計画」がいかに十分な検討を経ないまま発表されたかについては、拙著『日本語教育政策ウォッチ2008』に詳しく述べた。この計画を推進するために作られた日本学術振興会の「国際化拠点事業〜グローバル30〜」(http://www.jsps.go.jp/j-kokusaika/index.html)は事業仕分けで13大学だけで維持することになり、外国人高度人材を呼び込むための経済産業省の「アジア人財資金構想」も事業仕分けで廃止となった。また、従来「政府開発援助外国人留学生就学援助費補助金(授業料減免学校法人援助)」として交付されてきた約31億円(2009年度予算)は、2010年2月8日「本事業に対する各方面からの厳しい指摘等があったこと」という理由だけで、突然全額カットになった。これは全国の私立の大学・短期大学に対する措置であったので、マスコミにはあまり取り上げられなかった。しかし、独立行政法人日本学生支援機構留学情報センターのウェブサイトにある授業料減免をしている247の私立大学・短期大学のうち、留学生の在籍率が高いかなりの学校は2011年度入学生からの授業料の値上げをせざるをえなくなるであろう。奨学金についても、2010年度予算では学習奨励費を80名増にした代わりに国費留学生を231名減にして、留学生の奨学金全体は大幅に少なくなった。

文部科学省としては「留学生30万人計画」を当面続けざるをえないであろうが、実際の施策を見る限り2010年度からは留学生に厳しい政策をとるようになっている。

現在、ほとんどの国立大学や多くの公立大学・私立大学・短期大学・高等専門学校・専修学校計727校で利用されている独立行政法人日本学生支援機構実施の日本留学試験(http://www.jasso.go.jp/eju/whats_eju.html)について、問題点を指摘しておく。この試験は本来、日本語学校を経由しないで直接外国でこの試験を受けて日本の大学の入学許可を受けるためのものであった。しかし、実際に渡日前入学許可を出している学校はわずか77校にすぎず、合格目安点を公表しているのは11の私立大学だけである。これでは、学生

にとって日本の国立大学への入学を目指しても何点とれば第一関門を突破したのかわからない。しかも、留学生を最も多く出している中国でこの試験は実施されておらず、中国人の学生は日本にある日本語学校で勉強を続けながら日本でこの試験を受けることになっている。このままでは、この試験の渡日前入学許可という目的に合わないのではないか。試験内容についても、実施各機関での検証が行われているようには見えない。受け入れ機関が本当にほしい学生は、この試験のシステムで選抜されているのであろうか。田尻は、この試験は不要と考える。

3.2.9 その他の多くの問題

国の施策として明瞭な方向性を持たなければいけない問題として、新しく始まる第三国定住難民や全国にいる外国人配偶者の問題がある。しかし、これらの問題については、現在検証できるだけのデータが出揃っていないので、ここでは扱わないこととする。

日本語学校や大学の留学生別科についても、今後の位置づけについては私見を持っているが、本稿は日本語教育に関する国の施策を検証することを目的としているので、ここでは述べないこととする。ただ、特に日本語学校の活動は高く評価するだけに、多くの日本語学校が加入している日本語教育振興協会は外部へ向けての情報発信をしていただきたいということだけは提言しておく。

4　日本語教育政策の提言

4.1　日本語教育に関する政策を文部科学省が統括する

ここまでの説明で見てきたように、日本語教育政策は多くの官庁で扱われていて、しかも縦割り行政の弊害でそれぞれの政策の一貫性がなく、問題が生じてきたときに対症療法的に施策を作ってきた。外国人全体について扱う会議体としては、内閣官房の「外国人労働者問題関係省庁連絡会議」と内閣府の「定住外国人施策推進会議」の二つがある。しかし、この二つの会議体は、ともに日本語教育を中心的な議題とは扱ってこなかった。しかし、外国

人の定住化を考えるときには、必ず言語の問題が中心的なテーマになることは、欧米の外国人移民政策を見れば明らかなことである。日本における言語教育政策を構想するときは、広い意味の言語教育、日本語教育、国語教育、外国語教育をトータルに捉える必要があると田尻は考えている。このように考えると、この政策の主管官庁は文部科学省でなければならないが、文部科学省の中でも外国人学校は大臣官房、小中学校の外国人の子どもは初等中等教育局国際教育課、留学生は高等教育局学生支援課や学生・留学生課、就学前の初期指導は生涯学習政策局と分かれている。中川正春文部科学副大臣が外国人の子どもや留学生を含む外国人に対する日本語教育を広く扱った「定住外国人の子どもの教育等に関する政策懇談会」は大臣官房国際課が担当しているので、当面はこの部署が中心となって文化庁・総務省・法務省・外務省・厚生労働省・経済産業省と上に示した二つの会議体を持つ内閣官房・内閣府を統括して政策の立案を進めるべきと考える。この懇談会の報告については、本稿の最後でふれる。

　日本語教育の施策を構想する場合に必要なことは、前にも述べたように学習者を一括して扱わないことが必要である。特に、日系人の子どもやインドネシア人・フィリピン人の看護師・介護福祉士候補者のように、非漢字圏から来た人たちが日本の進学体制や受験体制の中で日本人と同じように扱われるのならば、彼らに対する漢字教育は特に重視しなければならない。これらの人たちが日本で学校教育を受け、受験勉強をするためにはかなりの数の語彙の習得が必要となり、そのためには一定数以上（この数は日本語学習の目的によって異なる）の漢字を習得しなければならないのである。簡体字という漢字を使う中国人労働者でも、関わっている仕事によって習得しなければならない語彙も異なってくる。また、居住している地域によっても、方言を始めとする文化的・社会的に地域に対応した語彙の習得も必要となる。この点についても、語彙の洗い出しに伴う漢字数や用法の研究が、至急必要である。

4.2　各省庁の日本語教育関係の会議体を整理する

　前に示したように、内閣官房・内閣府・文部科学省・文化庁・総務省・外

務省などで日本語教育に関係する各種の会議が開かれているが、それらを統一的な方向へ向かうように調整統合すべきである。現在のように、各省庁の枠内で施策が行われれば、その省庁の考える方向性が優先され、国としての統一した政策立案に重複なども生じ、将来計画作成に支障を来たしている。2009年1月に内閣府に定住外国人施策推進室ができ、そこでは定住外国人施策推進会議が開かれているが、内閣官房にも外国人労働者問題関係省庁連絡会議があり、かなりの問題を重複して扱っている。また、せっかく中川文科副大臣が定住外国人の子どもの教育等に関する政策懇談会を文部科学省内に作ったのに、2010年8月31日には内閣府の「定住外国人施策」のサイトに「日系定住外国人施策に関する基本方針」が発表され、今後この関係の施策は内閣府におかれた日系定住外国人施策推進会議が扱うことになった。田尻は施策の対象を日系人に絞ったことは大きな問題と考える。今後の動向を見守っていくことにする。

　さらに別の例をあげれば、「定住外国人の子どもの就学支援」を行っている国際移住機関（国の所管の機関ではないのでここでふれる）の活動は文部科学省から委託を受けているが、これは学校現場と関わる活動だけに文部科学省初等中等教育局国際教育課の担当とすべきであると考える。ただ、この場合、国際教育課は「第二言語としての日本語（JSL）」の普及活動も行っているので、この際この課の職員を増員して総合的な視点で取り組むべきである。

4.3　日本語教育に関わった活動を行っている機関・団体の情報を公開する

　前に述べたように、日本語教育に関わっている機関・団体は数多くあるが、そこで実際にどのような日本語教育が行われているのか、そこで日本語教育を担当しているのはどのような資格の人なのかなどが明らかにされていないケースが多い。これでは、外国人に対する将来計画を立てるのに基礎的なデータがないことになる。これらは早急に情報を公開すべきであるし、公開しなければその実効性が疑われ資金の無駄使いということにもなりかねない。また、公開された情報を一括管理する部署（たとえば文部科学省大臣官

房国際課）も必要になる。

　同様に、日本語教育に関して科学研究費の助成を受けた個人・団体は、ウェブサイト上にその報告を公開してほしい。外国にいて日本の研究を利用したいときに、現状では情報が得られにくく、研究の大きな障害となっている。

4.4　外国人労働者・留学生などの外国人受け入れ政策を確立し、それに関わる機関を整理統合する

　日系人・研修生・技能実習生・看護師候補者・介護福祉士候補者・留学生などの外国人人材を受け入れる場合は、移民としての国家レベルの受け入れ態勢を創設すべきである。労働力として受け入れ人数を想定するためには市場化テストなどの考え方を使わざるを得ないと思うが、受け入れた以上言語や生活のケアを国レベルで確立しなければいけない。たとえば、外国人の就労状況や居住地域に合わせて、一定時間の日本語学習を国の費用で保障するという措置をとることなどである。

　実際に、日本でどの程度の時間が日本語習得に必要なのかは、研究がまったくなされていない。後でふれる文化庁の国語分科会で扱われた「『生活者としての外国人』に対する日本語教育の標準的なカリキュラム案について（案）」では、「来日間もない外国人が、その生活基盤を確立するうえで必要となる日本語学習の時間」は、「必要最低限」60時間となっている。この時間数が、外国での移民受け入れのためにそれぞれの国の言葉の習得にあてる時間数に比べて極端に少ないことをみても、この問題は多くの関係者が参加して議論する必要があると考える。

　また、本来の意味の技術研修生などは、世界の中の日本の立場を考えて、しっかりとした態勢を整えたうえで受け入れ枠の拡充をすべきと考える。

　留学生の受け入れ拡大をするのならば、大学の留学生受け入れ態勢も文部科学省が厳しくチェックすべきである。多くの留学生を受け入れながら日本語教育などの最低限の留学生対応をしていない大学もかなりあるのが、実状である。専任の日本語教員や留学生のためのカウンセラーの採用、市町村による留学生の住宅補償、地域との交流を含めた大学事務員の態勢強化などが

当面考えられる施策である。

　研修生などは一般的に家族の長期呼び寄せはできないが、留学生や日系人の場合は家族も呼ぶ可能性があるので、それらの子どもたちの学校現場でのケアも大事なことである。外国人の子どもの日本語習得については、JSLのように国から指導するというシステムではなく、現場の小中学校の国語・外国語教員と日本語教育関係者の国レベルの共同研究態勢を早急につくらなければならない。

　看護師・介護福祉士候補者について最大の問題は、国家試験である。振り仮名を付けるという程度の目先の修正では、問題は解決しない。まず、国家試験の問題文自体をできるだけ日常生活で使っている平易な用語に置き換える必要がある。これは、日本人の看護・介護を受ける人たちにとっても、情報を共有できてメリットがある。しかし、どうしてもわかりやすい用語に置き換えられない多くの用語の習得については、現場の医師・看護師・介護福祉士と日本語教育関係者が共に研究する態勢作りが必要である。2.9 ①でふれた検討チームの結果では不十分である。医療現場では日本語教師の出番はない。各医療機関に医療通訳を置くような態勢を早期に作るべきである。

　現在のように異言語・異文化に対する敏感な反応を少しでも少なくするために、マスコミを使っての国家的なキャンペーン活動もすべきと考えている。市町村の窓口に、居住している外国人の相談に対応できる専門家を配置することも大事である。

　以下では、これらの施策に直接関わる機関の整理・統合を提案する。これは、将来の日本にとって大事な日本語教育政策を実体化するために提案するものであり、決して日本語教育そのものが縮小されていくような提言ではない。ただ、現在の厳しい経済状況を考えると、残しておかなければいけない、守らなければいけない機関を絞り込む作業も日本語教育関係者自ら行わなければいけないと考えた次第である。

- 財団法人日本語教育振興協会（文部科学省・外務省・法務省共管）
　　この協会なくしては大学の留学生受け入れシステムが機能しないことは間違いないが、この協会は第二回目の事業仕分けの対象になり、前にふれ

たように日本語教育機関の審査・証明事業は廃止となった。従来はこの協会が審査証明を行うことによっての日本語学校のまとめ役をしてきたが、審査・証明事業の権限を持たなくなった振興協会は求心性を失う可能性がある。振興協会の事業内容に無駄があるかどうかを現在田尻がチェックできる資料はないが、この協会がなくなるようなことがあれば日本語学校を取り巻く状況が混乱することは間違いない。天下り先などの指摘を改善して、大学や別科などの他の日本語教育機関と連携して、積極的な情報発信をするような機関になってほしい。

- 財団法人日本国際教育支援協会（文部科学省所管）

　この協会が実施している日本語能力試験や日本語教育能力検定試験は、国際交流基金の人員を増員すれば担当できると考える。ただ、以下に述べるように、基金の体質が変わるようなら、基金にまかせるのも問題となる。その他の奨学金・災害障害保険・住宅補償などは日本学生支援機構で統一的に扱えるはずである。したがって、田尻は日本国際教育支援協会と日本学生支援機構は、無駄な人員をカットして統合できると考える。

- 独立行政法人日本学生支援機構（文部科学省所管）

　前に述べたように、日本留学試験の現在的意味は薄いと考えるので、この試験は廃止してもよいと考える。ただ、その場合、この試験を留学生の入学試験の代用としている大学は、本来その大学が必要とする能力を測る独自の試験を開発しなければならない。しかし、それはグローバル化の中生き残ろうとしている大学なら、当たり前のことである。一定数以上留学生を入学させている大学は、専任の日本語教員を採用して、その教員を中心として入試問題を作成すべきである。この機構が行っている他の事業の一層の効率化を進めたうえで、この機構の一部の役割は存続すべきと考える。

- 財団法人国際研修協力機構（経済産業省・厚生労働省・外務省・法務省・国土交通省共管）

 　この機構が行っている研修生・技能実習生の団体監理型の受け入れは、日本各地でのトラブルを考慮すると直ちに廃止すべきである。ただ、その場合、日本各地の農業や漁業を担っている外国人を帰国させるだけでは、この分野の産業が成り立っていかないのが現状である。必要な分野への適正な受け入れと権利保障を伴った態勢作りのためには、現在のこの機構のシステムでは無理がある。この機構の抜本的な変革ができなければ、この機構を廃止したうえで新しい機構を作ることや次に述べる海外技術者研修協会との統合も考える必要がある。同様に、日本国際協力センター・オイスカ・海外職業訓練協会なども、新しくできる機関に統合すべきである。

- 財団法人海外技術者研修協会（経済産業省所管）

 　この協会は発展途上国からの研修生受け入れなどで実績を積んできていて、日本語教育の面でも一定程度の成果をあげている。近年は看護師・介護福祉士候補者の日本語教育も担当し、所管の経済産業省の取り組みによって業務内容も変化しつつある。ただ、国際研修機構レベルの人数を担当するとなると、現状の延長線上での受け入れは無理で大幅な組織改革が必要となり、結果的には「角を矯めて牛を殺す」ということにもなりかねない。経済産業省・厚生労働省・外務省が連携をして、長期滞在を前提とした新しい受け入れ態勢を作る必要がある。

- 社団法人国際厚生事業団（厚生労働省所管）

 　この事業団が担当しているインドネシア人・フィリピン人看護師・介護福祉士候補者の受け入れシステムは大変評判が悪く、連日のようにマスコミでたたかれている。2010年4月10日の朝日新聞の記事「予算増でも不満山積」にもあるように、看護師の国家試験での不合格者が多数出た対策を2年目にしてやっと始めたことが基本的な制度の欠陥として指摘できる。そのため、現場ではすでに問題が起こっていることが厚生労働省によって報告されている。法務省入国管理局の「基本計画」では今後このシ

ステムでの候補者の入国を想定していないようなので（3.2.4 参照）、現在日本に滞在しているインドネシア人・フィリピン人候補者に対しては、滞在日数を延長してあと数回の国家試験受験の機会を増やしたり、国家試験合格のための支援者の配置などの施策を取るべきである。そもそもこの経済連携協定は日本国内の人手不足解消のためではないとして始まったものなので、インドネシアとフィリピン国内の応募者や日本側の受け入れ機関の大幅な減少もあり、将来的には看護師・介護福祉士候補者の受け入れ廃止を含めた経済連携協定の見直しをすべきと考える。

- 財団法人自治体国際化協会（総務省所管）

　日本全国の都道府県と政令指定都市の国際交流協会を取りまとめている業務の必要性は十分に理解できるが、それはこの協会の所管省庁である総務省自治行政局地域政策課国際室の増員で対応できるし、国際交流員や外国語指導助手の派遣などの業務も既存の機関で対応できるものである。外国人総合相談支援センターや多文化共生マネージャーの認定なども厚生労働省や総務省での国家レベルの政策決定後に担当すべき部署で検討したのちに施行すべきものと考える。

- 財団法人全国市町村国際文化研修所（総務省所管）

　この研修所は、本来市町村長や市町村会議員の地域経営力の向上やNPO 関係者との連携をはかる機関である。前の自治体国際化協会と同様、本来の業務に仕事内容を絞り、多文化共生関係の業務は他の機関に移し、この研修所自体の規模の縮小をはかるべきである。

- 独立行政法人国際交流基金（外務省所管）

　第 1 回目の事業仕分けで運用資金を 342 億円全額返納したが、基金の2010 年度予算は資金返納に伴う措置として 7.4 億円が計上され、結果的には昨年度より 3 億円多い交付となっている。しかし、日本語教育学会助成金の全額カットなど、従来の運営方針の見直しが行われていて、田尻が考える外国における日本語教育振興とは方向性が異なっている。基金の

「日本語事業方針」によると、外国の日本語教育には集中的支援を行い、高等教育での日本語専攻学科の立ち上げや中等教育への日本語科目の導入も計画されている。田尻は、中国の孔子学院ほどではなくても、基金内部の予算をもっと日本語教育に振る向けるべきと考えている。外国における日本語教育の拡充は、日本の文化外交政策そのものなのである。そのためには、基金の文化芸術交流の事業を縮小してでも、日本語教育関係の事業の拡充を望みたい。

　また、将来の日本語教育の指針となるべき JF 日本語教育スタンダード 2010 (http://jfstandard.jp/pdf/JFstandard2010.pdf) は、日本語教育の中だけで検討されるものではなく、広く言語教育・国語教育・外国語教育の関係者を巻き込んで検討されるべきものである。日本語能力試験の基金の対応については、あとに述べる。

- 独立行政法人国際協力機構(外務省所管)

　国際協力機構の中心的な業務として、グローバル化に伴う課題への対応・公正な成長と貧困削減等々があるが、日本語教育については JICA ボランティアとして青年海外協力隊やシニア海外ボランティアがある。その中には、日系社会や短期のボランティアもある。外国での日本語教師派遣については、国際交流基金の派遣人数が少なくなっていることからも、外国での日本語教育拡大のためには大事な業務となっている。しかし、募集人数や選考基準がウェブサイトでは公開されていないため、志望者に不安を与えている。機構内部での予算の振り分けや相手国からの派遣希望事項の不確定性もあり募集人数を公開できないのかもしれないが、常に一定程度の派遣が行われているはずであるから、概数でよいから派遣予定人数を示すことや項目列挙でよいから派遣基準を示すことなどを実行してほしい。特に、日本の大学生の海外留学希望者は減少しているので、このような分野での派遣希望者は大事に育ててほしいと願っている。

- 社団法人日本語教育学会(外務省・文化庁共管)

　前に述べてきたように、日本語教育の必要性は多岐にわたっていて、現

在の研究中心の日本語教育学会では社会的要請に対応できる態勢は整っていない。必要に応じて他の学会・協議会（異文化間教育学会、言語政策学会、移民政策学会、国立大学日本語教育研究協議会等々）や地域の日本語ネットワーク・多文化共生センターなどと連携する必要がある。そのためにも、学会のウェブサイト上に、会員以外の日本語教育に関心のある人たちへの情報提供などもすべきと考える。たとえば、新刊紹介や書評の掲載などである。日本語教育学会は、従来、日本語教育に関わった人たちという限られた対象との関係だけを考えて運営してきたと田尻は見ている。学会の多くの会員は、地域の人たち・小中学校の教員・外国人が就労している企業・地方の行政機関等々の、今まで経験したことのない方面との対応に積極的に関わってきたとは思えない。今後、公益法人化を目指すのならば、学会の体質を変える努力が必要である。日本語能力試験についての学会の対応は、次に述べる。

4.5　事業仕分けにおける日本語能力試験

　2010年4月27日の事業仕分け第2弾で、国際交流基金のいくつかの事業が仕分けの対象となった。日本語国際センターでは、日本語教師の平均年収739万円に対して、国内の事務職員の年収は754万円、海外のそれは1,231万7千円ということが初めて知らされ、改めて日本語教師の待遇の悪さを痛感した。

　当日配布された「施策・事業シート（概要説明書）」の日本語能力試験（以下、「日能試」と略称）の「特記事項」とそのあとの説明文では、日能試が「世界最大の日本語検定試験」と書かれている（http://www.shiwake.go.jp/data/shiwake/handout/A-15.pdf）。この資料は、外務省大臣官房広報文化交流部文化交流課（基金の主管部署）課長赤堀毅氏が作成しており、仕分け当日基金の職員も多数参加してこの資料を使っていたので、単なる印刷ミスとは考えられない。また、この資料の「受験者にとってのメリット」の中の「来日時のメリット」には、法務省の在留資格審査などにこの日能試が使われていて、日能試が単なる日本語の能力試験ではないということが書かれている。つまり、外務省と基金は、日能試を日本語能力測定の認定試験ではなく、日

本語能力測定以外の役目にも利用できる検定試験と捉えていることがわかる。これは、従来日本語教育関係者が理解してきたこととは違うと田尻は考える。日能試の目的は、「日本語の能力を測定し、認定することを目的として行う試験です」と公式サイトに出ている (http://www.jlpt.jp)。念のために、田尻はこの日能試の国内実施を担当している日本国際教育支援協会にも電話で確かめて、日能試は認定試験であるとの答えを得ている。しかし、5月23日の日本語教育学会春季大会での新しい日能試の「説明会」では、基金の職員が「この試験は一部で検定試験と言われていますが、それは間違いで認定試験です」という旨の発言をしていた。それでは、基金は事業仕分けの場で嘘をついたことになる。

　一般的に、認定試験と検定試験の区別ははっきりしていないが、日能試の目的としては明瞭に区別されてきたものである。同じく日本国際教育支援協会が実施している日本語教育能力検定試験を例にとると、この試験の目的は、「知識および能力が日本語教育の専門家として必要とされる基礎的水準に達しているかどうかを検定することを目的とする」となっている。つまり、合格すると日本語教育の専門家という資格が付与される試験である。英検なども、一種の入学資格として扱われている。それに対して、かつて「大学入学資格検定」と呼ばれていて、外国籍の子どもも受験している「高等学校卒業程度認定試験」は、合格した場合「高等学校を卒業した者と同等以上の学力ある」と「認定」され、「大学・短大・専門学校の受験資格が与えられ」る試験となっている (http://www.mext.go.jp/a_menu/koutou/shiken/index.htm)。この場合の「受験資格」は上に述べた「資格」とは異なり、次のステップである大学受験の資格があるというだけの「資格」で、この「資格」自身は「就職、資格試験に活用でき」るというものでしかない。このような場合もあるにはあるが、日能試の扱いでは「検定」と「認定」は区別されてきた。

　日能試は、この試験のウェブサイトの「はじめに」にあるように、海外における日本語学習者が自分の能力を客観的に測定し、認定するための試験である。日能試が何らかの「資格」を付与するとすれば、それはどのようなものであろうか。もし、日能試合格が入国審査や在留ビザ審査に利用できる資格を付与するとすれば、それはかつて問題作成に関わった日本語教育関係者

が考える日能試ではないと言える。このように、「認定」と「検定」の違いはこの試験にかんする限り、大変大きな意味を持つものである。

　ここには、二つの問題があると考える。一つは、基金が対外的な説明なしに日能試の目的を変更したことである。この日能試は外国でも広く利用されており、試験目的の変更は重大な事項である。かつての日能試1級合格が中国や韓国では一定の資格と考えられた場合を除けば、それ以外の国での日能試の検定試験としての意味づけはどうするのであろうか。これから基金は日本語教育の世界的拡大を目指しているが、その動きとこの日能試の目的変更の動きは合致するのであろうか。現在、基金が研究を進めている日本語スタンダードも、日本語教育の世界的な基準作成を目指していたはずで、そこには日能試の検定試験化などは想定していなかったはずであると田尻は考える。もう一つは、大学などで日本語教育学を担当している教員が声をあげないことである。従来、講義などでは日能試を認定試験と教えていたはずである。基金が何の説明もなく日能試の目的を変更したのなら、日本語教育専門家として異議を唱えるべきと考える。このままこの変更を黙認すれば、今後も外的要因で日本語教育学が変質する可能性がある。そうなれば、日本語教育学の学問的自立性などなくなってしまう。日本語教育学会は、現在のところ何の動きもみせていない。すでに日本語教育学会会員は、その学会としての存在意義など意に介さなくなったのであろうか。こんな変更があったとは気がつかなかったとあとで言わないでほしい。日能試が事業仕分けされることはマスコミで大きく扱っていたし、専門家というのならその結果をチェックするのは当然のことである。

　日能試の目的変更が、単に事業仕分けでの経費削減を逃れるための方策でしかないのなら、それは大変大きな代償を払ったことになる。言語教育政策が外的要因で簡単に変質させられた格好の例となると考えて、特に詳しく私見を述べた次第である。

4.6　外国での日本語教育の拡充

　前にも述べたが、外国での日本語教育の拡充は、武器を使わない平和的な文化外交政策だと田尻は考えている。世界経済の中での日本経済の下落傾向

が続く現在だからこそ、資源のない日本だからこそ、人材交流が大事だと考える。相手の国の文化社会を尊重し、相互理解を深めるためにも、決して押し付けではない日本語使用者の拡大は日本にとって大事なことである。

海外での日本語教育は、東アジア・東南アジアを中心的に広がっていったと理解しているが、最近ではそれらの国や大学への教員派遣や教材支援が次々になくなっていっている。新しい国や地域での日本語普及も大事だが、日本との深い絆が作られてきた国や地域への支援もそれ以上に大事だと田尻は考えている。

国際交流基金や国際協力機構における日本語教育事業の拡大・継続を強く要求する。国際交流基金の将来については、当時の日本語事業部長の嘉数勝美氏が「生活者に対する日本語教育と国際交流基金」(田尻英三(編)(2009)『日本語教育政策ウォッチ2008』ひつじ書房、所収)で傾聴すべき意見を述べている。ぜひ、参照してほしい。

4.7　日本人の意識変革

日本語教育政策の提言を実効性あるものにするためには、その前提として日本人の側の意識変革も必要である。まず、身近にいる外国人を日本に共に住む住民と考え、日本国籍を取得していなくても日本に住む人は日本への移民と捉えることが必要である。日本は、ブラジル系日本人、中国系日本人、インドネシア系日本人なども住む国と考え、相互の文化や習慣についても尊重する意識を持たなければいけない。日本語は日本人だけのものではなく、場合によっては多少聞きなれない日本語にも慣れることも必要であろう。かつて、明治時代には共通に理解できる「日本語」というものはなく、当時の日本人は各地域の言語だけを話し、日本という組織内でのコミュニケーションにも支障を来たしていたが、新しい国家制度が確立するにつれ「日本語」というものを作り上げてきたという歴史が日本にはある。そこには、歴史的には現在につながる大きな問題がいくつもある。本書5章安田敏朗氏の論文の主旨などを日本語教師の共通の知識として持ってほしいと願っている。

今後は日本人にとっても難しくて使いにくい表現は、よりわかりやすい表現に代えていく努力を日本の社会全体がしていく必要がある。介護・看護の

専門用語を始めとして、自動車免許の試験問題のような試験のための試験問題を使うことは避けて、難しい言葉を使わなくても正確なコミュニケーションができる環境を作るべきである。もちろん、文学などで個々に表現を磨くことは、この流れと対立するものではない。

『外国人の定住と日本語教育』のブックガイドでも指摘したように、日本人が日本独自だとか古来から続いている伝統などと考えていることの多くは、明治時代からの学校教育で作り上げられたイメージの産物である。読売テレビの「秘密のケンミンSHOW」やNHKの「みんなでニホンGO！」などは、その点で日本や日本語のイメージを変えることに多少は役に立っていると思われる。

5 日本語教育に関する最新の動き

5.1 「『生活者としての外国人』に対する日本語教育の標準的なカリキュラム案について（案）」

これは、2010年5月19日の文化庁文化審議会国語分科会（第44回）で「改定常用漢字表」の試案と共に配布された資料である。「改定常用漢字表」のほうはマスコミで大きく扱われたが、この資料についてふれたマスコミはないだけでなく、日本語教育学会のウェブサイトにも載せられていない。この「案」を作った日本語教育小委員会には多くの日本語教育関係者が参加しているにもかかわらず、日本語教育の将来に大きく関わると考えられる情報を、日本語教育学会は会員に必要な情報として認知していないのであろうか。田尻は、この「案」が今後の日本語教育の進むべき道へ大きな影響を与えるであろうと考えるので、ここで扱うことにする。

この「案」は、「『生活者としての外国人』が我が国で暮らす上で最低限必要とされる生活上の行為を日本語で行えるようになり、上で掲げた目的・目標（田尻注、日本語を使っての健康で安全な生活、自立した生活、社会の一員としての生活、文化的な生活など）を達成するために、必要な日本語教育の内容を示すもの」であるとされている。そして、学習項目の検討の前提として「学習者が日本語で行うことが期待される生活上の行為の事例の整理・

選択を行った」としている。ここでは、紙幅の関係で「標準的なカリキュラム案で扱う生活上の行為の事例」を具体的に扱うことはしないが、ここであげられていて外国人が日本語で行うことが期待されている事例には、薬剤師等の薬の効能・用法・注意の説明の理解や住居の賃貸契約など相当難しい事例も含まれていて、いろいろな方面からの検討が必要と思われる。

　想定される学習時間は、60時間とされているが、「具体的な学習項目の記述に当たっては、文字や発音といった言語事項の学習は個別に取り上げていない」ので、実施する場合はその地域で「具体的なカリキュラムを編成し」なければならない。

　この「案」には、「日本語教育」という用語が使われているが、以前の文化庁で行われていた地域の日本語習得に関わる事例では、「日本語支援」という用語が定着していた。この「案」では専門家（この語の意味は後で扱う）が大きく関わる内容となっている。この「案」を利用するのは、「各都道府県、市町村における日本語教育担当者であり、各地域における日本語教育のコーディネーター的役割を果たす人」が想定されていて、実施する際には「地域における日本語教育に精通した専門家の助言を受けることが望ましい」とされている。「専門家」とは教材の作成の項で「大学や研究機関で日本語教育を進める専門家」とあることからわかるように、一般的には「研究者」と呼ばれている人たちを指していることがわかる。つまり、この「案」は、地域の日本語ボランティアが近くにいる外国人の日本語習得を支援するために使うものではなく、かなりの知識・経験を持った「日本語教育担当者」が、単なる日本語教育の知識をもった人ではなく「日本語教育に精通した専門家」の指導を受けながら使っていくものだということがわかる。田尻は、この「案」のままでは、従来地域でがんばってきた日本語ボランティアの役割が見えなくなってくるように感じられる。もし、この「案」を作った委員会のメンバーが日本語ボランティアと一緒になって日本語習得支援の活動を全国的に広げるつもりなら、もっと丁寧な記述をすることが必要だと考える。また、「日本語教育に精通した専門家」で、このような活動に積極的に関わろうとする人たちのリストも作成しないと、日本語ボランティアにとっては自分の住んでいる地域にどのような「専門家」がいるのか

知らされていないのが、実状である。なお、文化庁では「日本語教育事業地域日本語コーディネーター」研修の募集を始めている (http://www.bunka.go.jp/kokugo_nihongo/kyouiku/coordinator_kensyu/index.html)。

せっかく長い時間をかけて作られた「案」なら、もっと地域のボランティアが利用しやすいようなものになる必要があるのではないだろうか。なお、この委員会では、今後「『生活者としての外国人』に必要な日本語能力を客観的に測定するための基準及び評価方法についての検討」も行うとしている。この「基準」が、安易に外国人の日本入国や在留延長に使われることのないように見ておくことが必要である。

5.2 「『定住外国人の子どもの教育等に関する政策懇談会』の意見を踏まえた文部科学省の政策のポイント」

これも、奇しくも上の「案」と同じ 2010 年 5 月 19 日に発表されたものである。以下、これを「政策のポイント」と呼ぶことにする。

この「政策のポイント」は大変意欲的なもので、外国人の言語問題に関わる分野を広く扱っている。以下に、「政策のポイント」を田尻なりにまとめて紹介する。

① 外国人の子どもの教育

外国人の子どもが公立学校に入るかブラジル人学校等に入るかは、子どもや保護者の判断に委ねられるべきである。また、外国人学校の各種学校・準学校法人化を促進する。

② 「入りやすい公立学校」を実現するための三つの施策
- 日本語指導の体制の整備

    JLS カリキュラムの普及。日本語能力の測定方法及び教員研修マニュアルの開発。日本語指導の加配教員の拡充。大学等による日本語指導能力の向上を図る履修証明プログラムの充実。「虹の架け橋教室」事業の継続。
- 適応支援等の体制の整備

    外国人児童生徒の保護者への支援

- 受け入れ体制の環境整備及び上級学校への進学や就職に向けた支援の充実
　学齢を超過した者を含めて、編入学、下学年への受け入れ、夜間学級の活用などを行う。中学校卒業程度認定試験を外国人児童生徒が受けやすくなるように配慮する。
③　学校外における学習支援
　外国人の大人に対する日本語指導で日本語能力評価基準・標準的なカリキュラム及び教材の作成のため、大学や日本語学校と連携する。就学前の児童生徒を本事業の対象とするかどうかも検討する。
④　外国人学校における教育体制の整備
　ブラジル人学校等の各種学校・準学校法人化の促進のために認可権を有する都道府県に対して基準の適正化を求める。学校外での日本語学習の機会の充実。
⑤　留学生に対する日本語教育や就職支援
　eラーニングの活用や国際交流基金のさくらネットワークとの連携。就職の際の在留資格の弾力化。卒業後の留学生の情報整備。
⑥　更に検討を要する課題
- 外国人の受け入れに関する基本方針の策定
- 日本語教育の総合的推進
　地域における日本語教育の推進体制の充実。日本語教員等の養成・研修の在り方。日本語教育機関の充実。外国人研修生・技能実習生等に対する日本語教育の充実。

　以上のように、この「政策のポイント」は従来各省庁でばらばらに扱われてきた外国人施策を統一的に扱おうとするもので、8月31日には「現在の進捗状況について」が発表された（http://www.mext.go.jp/b_menu/shingi/chousa/kokusai/008/toushin/1297513.htm）。この「政策のポイント」が発表された日の記者会見では、中川文科副大臣は「内閣府の方が中心になって、それぞれ関係省庁の副大臣級で集まりまして」と説明している（http://www.mext.go.jp/b_menu/daijin/detail/1294125.htm）。田尻は、活動が活発ではない定住外国人施策推進室を持つ内閣府ではなく、ぜひとも文部科学省が中心と

なってこれらの施策実現へと動いていってほしいと願っている。

ただ、この「政策のポイント」では中川副大臣の選挙区である三重県の実状が反映していて、外国人学校ではなく「ブラジル人学校等」となっている点が気になる。早稲田大学の川上郁雄教授が進めている外国人児童生徒の日本語教育「鈴鹿モデル」と文部科学省が進めてきたJSLカリキュラムとの内容的検討も今後の課題である。

田尻の基本的な考え方は、前にも示したように、「政策のポイント」の⑥にある外国人受け入れの基本方針を各省庁が集まってまず作成し、それに基づいて具体的な施策を決定していくことが必要と考えている。そのとき、在住外国人を「デカセギ」のように一時的な滞在者と考えるのではなく、それらの人の社会保険加入や年金の負担も含めて、人道的な見地から捉えることが大事と考える。

5.3 厚生労働省における「看護師国家試験における用語に関する有識者検討チーム」

2010年6月23日に上記の検討チームの開催が知らされ、その同じ日に第1回の会議が開催されている。しかも、この会議は「率直な意見交換及び意思決定の中立性が損なわれるおそれや、国家試験事業の適正な遂行に支障を及ぼすおそれがあるため非公開及び頭撮り不可とする」とされて、簡単な議事録以外は情報が出てこない。検討課題は「平易な日本語に置き換えても現場に混乱を来たさないと考えられる用語」と「医学・看護専門用語」への対応についてであり、スケジュールは8月上旬を目途にとりまとめ予定」となっている。ずいぶん早いペースで重要な結論を出してしまう会議である。メンバーには、看護学関係以外では、国立国語研究所でまとめた『病院の言葉を分かりやすく』（勁草書房、2009）の中心メンバーの田中牧郎氏と大阪大学の日本語教育の西口光一氏が入っている。つまり、日本語教育学会の「看護と介護の日本語教育ワーキンググループ」のメンバーは一人も入っていないのである。厚生労働省は、日本語教育学会を認知していないのであろうか。ちなみに、このワーキンググループのウェブサイトには、この重要なニュースは載せられていない。実際、このワーキンググループの活動は、看

護と介護といいながらもっぱら介護についての活動を行っている。2010年10月15日に厚生労働省社会・援護局福祉基盤課から「介護福祉士国家試験における難しい用語の今後の取扱いについて～EPAによる外国人候補者などの受験に配慮します～」が発表された。これは8月24日に発表された「看護士国家試験における用語に関する有識者検討チーム」の報告書の内容と軌を一にするものである。田尻はこの程度の見直しでは問題は全く解決しないと考える。

なお、2007年12月に厚生労働省社会・援護局によりまとめられた「社会福祉士及び介護福祉士法等の一部を改正する法律」によって、フィリピン人介護福祉士候補者が日本の介護福祉士養成施設を卒業していれば、国家試験に合格していなくても「准介護福祉士」という資格で日本において就労が認められることになったことが、国際厚生事業団の「平成22年度版『受入れ申請、入学許可から就学・在留管理までの手引き』(介護福祉士・就学コース)」(http://www.jicwels.or.jp/html/h22_epa_images/h22_syugaku.tebiki.pdf)に出ている。かねてから評判の悪かった「准介護福祉士」という資格を、「フィリピンとの間の経済連携協定の中でその受入が盛り込まれていることとの整合性」(http://www.mhlw.go.jp/topics/bukyoku/soumu/houritu/dl/166-13a.pdf)という理由で採用している。多くの介護福祉士候補者が、国家試験に不合格になった場合の抜け道を作ったと思われる。ちなみに、日本人でも最近のこの試験の合格率は約50%である。

5.4　参議院山下栄一議員の質問主意書

2010年6月15日の提出番号111の「日本語教育の体制強化に関する質問主意書」に対して同年6月29日に内閣総理大臣菅直人の名前で答弁書が出ている(質問主意書のURLはhttp://www.sangiin.go.jp/japanese/joho1/kousei/syuisyo/174/syuisyo.htmである)。これは大変重要な事柄が列記されているので、以下要点を述べることにする。

・日本語学校の教員資格と教育内容については、国としてこれを定める必要性を含めて検討する。

- 日本語教育に関する総合的な基本方針の策定は、今後その必要性を含めて検討する。
- 日本語教育を扱う中心部局としては、文部科学省組織令の規定に基づき外国人の日本語教育に関する事務（初等中等教育及び高等教育に係るものを除く）は文化庁文化部国語課が、外国での日本語普及に関する事務は外務省大臣官房広報文化交流部文化交流課が所掌している。
- 留学生30万人計画については、引き続き取り組みの充実に努める。
- 国立国語研究所については、日本語教育研究・情報センターが設置され職員の増員が行われた。

　この答弁書では日本語教育を扱う中心部局は文化庁文化部国語課となっているが、小中高等学校や大学での日本語教育は別の部局で担当するという。これでは、総合的な日本語教育政策を立案することはできないと田尻は考えるので、やはり文部科学省内で取り扱ってほしいという前述の提言は変更しないこととする。国立国語研究所の日本語教育部門を独立させて日本語教育全般を扱う研究所を作ることは、政府としては考えていないこともわかる。今後はこの答弁書に基づいて、日本語教育関係者は国に具体的な施策を作成するよう努力する必要がある。

田尻の考えを知りたい人のために
田尻英三・田中宏・吉野正・山西優二・山田泉（2007）『外国人の定住と日本語教育（増補版）』ひつじ書房
田尻英三（編）（2009）『日本語教育政策ウォッチ2008　定住化する外国人施策をめぐって』ひつじ書房
「田尻英三のオピニオン」『月刊日本語』2009年4月号〜（連載中）アルク

4 現代日本の言語政策をかんがえるにあたって
―社会学周辺の知見から―

中京大学　ましこ・ひでのり

1 現状の問題点を通時的に位置づける
　　―「人権と統治」という、二つの軸から

　俗にいう「国語国字問題」という「国語政策」をめぐる議論のほとんどは、「人権と統治」[1]という、基本法策定のばあいには不可欠な二つの軸が欠落していた。文化的保守派と革新派とが、たがいの理念主義から論難しあうだけで、論点の整理が一向につかず、単に時局に応じた政治力学の産物として、なんとなく蛇行をくりかえしてきただけのように、おもわれる。安田敏朗『国語審議会　迷走の 60 年』(2007) などをみても、その感はつよまるばかりである。端的にいえば、漢字表記を基本的に自由放任にせよ、という「伝統主義」と、事務上の作業効率ほか機能面を重視して漢字制限などをおこなえ、という「革新主義」とがぶつかりあい、後者が戦前・戦後をとおして優勢だったのが、戦後の後半期から前者が猛烈にまきかえして、ハイテク産業の急展開をおいかぜに圧倒して、いわゆる「人名漢字」に対する制限以外は、かなりアナーキーな情勢がうまれただけ、という感じか。
　安田 (2009) が、野村雅昭『新版・漢字の未来』を評してのべたとおり、結局のところ、表記問題などは、技術水準が大半を決してしまうのであり、恣意性のかたまりといってよい日本列島上の漢字現象も大量高速処理できる時代がきさえすれば、「問題」は雲散霧消するという見解もありえる。いずれ「人権」の問題はすべて解消し、「自由」を保障するための「交通整理」

＝「統治」だけをかんがえればよくなるのか。

　たとえば日本語表記を実践する個人・小集団の表現権の保障と「交通整理」はどうか。過去、公権力が漢字表記をはじめとする日本語表記を権力的に規制したことなどなかった。いくつもの実証研究があるとおり、GHQ が漢字表記を消滅させるべく画策し、その産物が「当用漢字表」であるといった「史観」は、完全な被害妄想のたぐいである[2]。

　戸籍簿への新生児の個人名登録も、漢字制限はあったものの、戦前同様（日本語音による）よみを付さない、恣意的な文化状況の追認という、きわめてアナーキーな「政策」がつづけられてきた。いわゆる「悪魔ちゃん事件」を契機として、個人名にふさわしくない漢字、といった規制が自治体の運用レベルで機能するのようになったものの、「人名漢字」の範囲はどんどん拡張され、許容される漢字がふえることはあっても、へることはなさそうだ。戸籍法施行規則の別表第二から「糞」「屍」「呪」等削除された少々の字種の減少分を圧倒する追加があった経緯（2004 年）などをみても、あきらかだろう。

　一方、外国にルーツをもつ定住者が日本国籍取得時の人名登録や、外国籍児童の教育委員会での人名把握等で言語的人権が重視されているとはおもえない（ハタノ 2009）。

　公教育においては、標準日本語以外で教育をうける権利、英語以外の言語を第二言語として学習する権利は、ほとんど保証されない。朝鮮系日本人が、朝鮮半島でさえも朝鮮語をまなぶ権利をうばわれたのであるから、戦前期にあっては、「郷にいれば郷にしたがえ」は当然だったかもしれない。しかし「人権」をうたった「日本国憲法」下でも、日本国籍など公民権をうばう一方で、教育をうける権利も保障しないのが、文部行政であった。このばあいは、学習権をふくめた「権利」軽視で、不作為による実質「統治」≒「放置」とおもわれる。

　また、社会言語学周辺でかたられてきたとおり、日本国憲法には、「国語」「公用語」を規定する条文がない。自明視される「標準日本語」という現状があり、その意味では、「日本語」による訴訟を明記したのが「裁判所法」であるというのは、実に象徴的である[3]。まさに「一国家＝一民族＝一言語

（文化）」という共同幻想＝イデオロギーが支配的なのが、戦後日本であった。その結果、外国人が被告・原告になったばあいの法廷通訳なども、どろなわ式にあてがうだけだし、被疑者にいたっては人権保障がはなはだあやしげな点など、政策的に権利保障しようといった姿勢が全然みられなかったのが法務省であった。犯罪者の確保・処罰だけではなく、被疑者の人権保障も当然かかえこむ刑事訴訟法ほかの法制は、「統治」と「人権」とのバランスをとろうという努力の産物だったはずである。しかし現実的には、刑事法についての「説明と同意」の確保はもちろん、法律用語という巨大な術語体系をかかえた、しろうとには奇怪にしかうつらない「日本語」がたちはだかり、たとえば刑事裁判なら、被疑者・被害者のあたまごしで専門家だけが熟知する「法廷言語」がたたかわされたのであった。こと「外国人の言語的人権」に関しては二重の意味で、軽視というより、無視といった印象がぬぐえない。

　これら「言語」をめぐるさまざまな法的問題・政策上の課題があり、それは「人権と統治」といった軸で、おびただしい議論をたたかわせる必要があったとおもわれる。すくなくとも、「日本国憲法」の立法趣旨や前文からすれば、「プログラム規定だから」といった、形式論でにげるわけにはいかない、膨大な問題群が山積してきた。

　管見では、無定見な労働政策によって無責任に解禁された「日系人」への門戸解放が、バブル崩壊・構造不況・児童の学習権の浮上…、といった時代の推移によって、近年、「日系南米出身者の学習権・文化継承権の保障」といった課題がようやく周知された。そして、文部科学省・外務省・関係自治体周辺だけで泥なわ式に展開されてきた（人権上・統治上両面の）「対策」が、経済産業省・厚生労働省・法務省など、各省庁まで舞台上にあがるようになった。こういった私見には関係当局から具体的反論をききたい[4]。

　つまり、以前は課題がなかったとか、近年急浮上したのではなく、直視がさけられ、問題がさきおくり、ないし軽視・無視されてきたのだ。逆にいえば、各省庁や関係自治体の近年のとりくみも、単に過去の政策の不在からの改善等として歓迎するだけではまずかろう。「人権と統治」という両面から不充分な対応しかくりかえしてこなかった当事者の自己批判をともなって、

歴史的経緯の確認がおこなわれねばならない。そのばあい、「人権と統治」という両面で、単なる不作為のみならず「言語政策」領域での理念の不在もふくめた責任が、関係当局に帰せられることは、さけられないだろう。

2 現状の問題点の共時的な整理─諸問題の布置関係

以下、具体的課題と私見を列挙する。おおきな提案は後述することとし、ここでは各論的な箇条がきと補足にとどめる。

2.1 言語的人権周辺の課題および論点

- 多言語状況／障害を前提にした情報アクセス権・情報保障と、意見表明・表現の権利（紙面・画面上・ウェブ上・会議等）
- 多言語状況／障害を前提にした図書館・学校・博物館等、情報保障・能力開発施設のサービス
- 多言語状況／障害を前提にした病院・保健所・消防署・警察署等、健康療育・安全対策関連施設のサービス[5]
- 多言語状況／障害を前提にした役所等、各種手続き施設のサービス
- 多言語状況／障害を前提にした警察・裁判所ほか、司法関連施設のサービス[6]
- 公的空間の多言語化などユニバーサルデザイン
- 第二言語としての日本語教授者の専門性の確立と養成制度
- 支配的文化への拒否・選択権と文化継承権[7]

「多言語状況／障害を前提にした情報アクセス権・情報保障と、意見表明・表現の権利」には、視覚障がい者がモジ情報を利用するための音声化・加工編集とその前提としてのデジタル情報の複製保障される権利、選挙権・被選挙権を行使するための受信・発信双方における情報保障の権利等もふくまれる（あべ 2006a、しばざき 2006・2007、田中 2009）。

図書館司書関係者のなかでは定着した「アウトリーチサービス」は、いわゆる情報の「宅配」をふくめた諸概念だが、それは図書・雑誌等の貸借・朗

読等にかぎらず、往診・救急車両などと同様、言語的人権周辺で、まだてつかずの膨大な「ニーズ」がうもれていると推定できる[8]。ウェブ上の必要とする情報へのアクセスをどう保障するか。当事者自身が「言語化」できず、未確定な「必要情報」をどう確定し、どのように収集・整理するかといった課題も、広義の言語的人権にふくまれるはずである。

　また、情報収集・格納・整理機関としての図書館から当然想起されるのは、博物館・美術館や公文書館等の情報収集・格納・整理の整備と「アクセス権」の保障である。

　さらには、これら言語的人権を保障するスタッフが、公的な責任によって養成され、かつ適正に配置されなければなるまい。さまざまなサービスを可能とする、司書・学芸員・アーキビスト・弁護士・医療スタッフ・司法通訳等々の専門家の養成・確保と、そのための財政的制度化は、次項『「統治」論上の注意点』とかぶるものであるが。盲学校・聾学校・養護学校等が、当事者主導の指導体制になるのはもちろん、いわゆる各種の外国人学校との連携をはかるコーディネーターやアドバイザーが確保されるのは、当然である[9]。

　専門家養成のための教員や、テキスト・資格試験等の担当者を確保するためには、大学・大学院や各種学校の教員等を適正配置する必要があり、そのための専門家の養成をふくめた予算措置がいそがれる[10]。これら広義の言語的人権の保障のために養成すべきスタッフは膨大なはずである。大学院の定員ばかり膨張し平均水準が低下するなどの浪費の廃止、図書館や博物館等の予算の一律削減といった形式主義の停止などはもちろん、広義の言語的人権の保障のために養成すべきスタッフの質的・量的な試算、予算規模の予想、等々、優先順位のたかい課題は膨大なはずである。しかし、膨大な国税がつぎこまれてきた公共事業や防衛費などと比較すれば、総額といっても、たかがしれているとおもわれる[11]。

　また、各論的には、つぎの「統治」論上の注意点ともからむが、地名・人名等、個人・集団のアイデンティティー維持・表明の一部である固有名詞に関する言語権ともきりはなせない（これは前述した「意見表明・表現の権利」と一部はかさなるが、基本的には別次元に位置する。「意見表明・表現の権利」は、単語・慣用句等の表現権をふくむものの、基本的には「文章」

やスローガンの次元での権利といえる)。「固有名詞に関する言語権」は、移民や先住民族等の継承語の権利の重要な一部として、地名・人名をいかなる言語・表記体系で表現するかを、どの領域まで保障するかという、具体的課題(公用語等、主要言語との現実的すりあわせや、領域等の「分業」)として発生する。前述したハタノ(2009)が対象化した現象(現在進行中の現実)は、その典型例といえる。

2.2 「統治」論上の課題および論点

- 多言語状況／障害を前提にした登録表記・命名等に関する規制とその妥当性
- 利用者・担当者の多言語状況／障害を前提にした能力・資格試験等の整備
- 利用者・担当者の多言語状況／障害を前提にした専門人の養成課程の改善
- 利用者の多言語状況／障害に対応可能な公的サービス担当者の充分な養成・配置
- 敬語／正書法／字体／肉筆等、規範システムの妥当性
- 「統合」「共生」といった概念への反発感情

多文化集団同士が秩序のものに「統合」される。あるいは「共生」する。といったイメージは、なかば反論できないような「正論」として、みられているようだ。しかし、植田・山下(編)(2006)が『「共生」の内実』という表題をえらび、あるいは、仲(2007)が「現実を覆い隠す「共生」概念」と、明確に批判的検討をうたったように、「共生」概念には、政治性がまとわりついている。何人もの批判者がくちをそろえてきたとおり、端的にいえば、「統合」とか「共生」をいいだす「主体」は、ホスト社会＝多数派であるヤマト系日本人であり、自覚の有無はともかく、少数派(客体)の「同化・吸収」のいいかえ、ないしオブラートにつつんだ支配のアリバイづくりなのである。少数派のがわは、敏感に感じとり、あるいは従順に支配に屈しようとしない新住民たちに対する敵意にみちた差別意識をつきつけられるのだ。アンジェロ・イシやリリアン・テルミ・ハタノら日系ブラジル人研究者が指摘することであり、また糸魚川美樹がスペイン語話者からきかされた「不快感」

などが典型例だろう。

　そもそも、弱者・少数者のがわが、みずからのぞんで「共生」「共存」といった表現をえらぶことは、まずありえないのである。本来の語義とはあきらかにズレがあり、むしろ、強者のつごう・ごつごう主義（恣意的解釈・運用）や底意をカムフラージュするための方便としてだけ機能するような、弱者からすれば、悪質きわまりない「誤用」。その実体験がくりかえされれば、当然の反応だろう。おもてむきの語義と正反対の含意を平然と「共存」させる体制とは、もちろん、「1984年」（オーウェル）的な政治空間である（ましこ2010）[12]。

　したがって、無数の少数派が「統合」されることで「秩序」が成立するといった、多数派の利害を自明視するような「統治」論は、本質的にあやまっている。「民主主義」＝「必要悪」としての「人気投票」にもとづく「代議員制」と「多数決原理」は、沖縄島周辺に集中が自明視されてきた米軍基地の経緯のように、「NIMBY」意識の集積などをもって少数者抑圧を合理化する卑劣なシステムに転落するリスクをつねにかかえている（ましこ2010）。

　逆にいえば、「人権」概念とは、安易に「公共の福祉」概念によって抑圧されるべきではないし、「統治」行為の暴走をつねに監視・抑止する理念なのである。そして、基本法が骨格とする「統治」論的部分も、基本的には、住民（国民にかぎらない）の人権を保障するための調整作業というべきだ。当局や経済権力・文化権力等による支配力の暴走を規制し、人権抑圧や混乱がおきないよう、成文化したものなのである（注1参照）。

　こまかい論点としては、公的・私的な表現の規制問題をとりあげておこう。公文書や教育言語などの表記が規制されてきたことはもちろんだが、その最大の問題は、固有名詞登録の字種・字体の規制だろう。具体的にいえば、「慣習としての地名、習慣としての個人名を、当人たちの信念どおりに、『表現の自由』といった論理で正当化してよいのか。」である。前節で「移民や先住民族等の継承語の権利の重要な一部として、地名・人名をいかなる言語・表記体系で表現するかを、どの領域まで保障するかという、具体的課題（公用語等、主要言語との現実的すりあわせや、領域等の「分業」）として発生する」とのべたが、たとえば多数派日本人が関係の固有名詞について、「表

現の自由」をよりどころに、表示等を維持する権利を主張するのは、権利の乱用といえよう[13]。多数派の言語・表記は、支配的領域において充分というより過分に「権利」行使を実践してしまっているからだ。

3 研究者等も加担してきた「神話」の解体

　前節同様、ちまたにながれる「常識」、ないし行政当局などが依拠してきた「見解」とは、かなりズレがある事実を確認しておこう。筆者は、これら「常識」「見解」を「神話」「イデオロギー」だとかんがえている。もちろん、無自覚な「支持者」たちにとっては、「神話」性・イデオロギー性は認識されていないし、それをくつがえすような「現実」をつきつけられても、直視をさけ防衛機制にはいる。「自分たちは、基本的な事実を踏まえている」とおもいこんでいる層が、行政上の判断をおこなったり、パンフレット等で俗論をくりかえしながすのだから、それらは無責任なかたちで再生産されるづける。また行政上改善すべき点が、本質をそらしたかたちで、さきおくりになったり、あやまった対処がなされたりしてきたとおもわれる。したがって、しるひとぞしる「事実」ではあっても、大衆的な実感として「常識」化していない、これら歴史的経緯は、いま一度再確認しておく意義はあるだろう。大学関係者も一部俗説に加担し、言語政策周辺に悪影響をあたえてきたとおもわれるからである。以下、代表的「神話」をとりあげ批判をくわえる。

神話1「日本列島は近年まで、日本民族をほとんどの住民とする均質的な文
　　　化圏だった」

　日本列島全域で、外国籍住民が依然として非常にすくない。標準日本語が全土で問題なく通じる。キリスト教徒が1%程度ほか、宗教がらみの対立など深刻な問題がみあたらない。…等々は、おなじみの認識であろう。たしかに、世界各地の多民族空間と比較するなどすれば、「大同小異」という概観はあやまりではない。外国になんらかのルーツをもつ住民を総計しても、10%にいまだおよばないだろうことをかんがえれば、「日本列島は例外的に

均質性のたかい文化空間」ということが可能だ。

　しかし、これらの議論が、「前近代・近代・現代もとおして普遍的である」とか、「地域差も大したことがなく、問題にあたいしない」とか、「少数者も世界と比較すれば、深刻な問題は皆無にちかい」といった判断をともなうとすれば、事実誤認であり、有害無益なイデオロギーと化す。たとえば、典型的なイメージとして、「1980年代後半から、中国系・中南米系の労働者が急増し、状況が一変した」といったものがあるが、これは歴史的経緯・地理的状況についての無知の産物といってよい。

　歴史的に概観するなら、例外的少数とはいえない労働移民が、明治初年前後から居留地を中心に蓄積していき、たとえば「南京町」等がうまれたし、朝鮮半島など、周辺諸地域の植民地化によって、最低でも100年以上の労働移動がくりかえされ、蓄積されてきた。その最大の集団こそ、在日コリアンであり、つづくのが沖縄タウンとよばれたりする地域の住民である[14]。ほかにもインドシナ系難民の定着など、波状的、ないしは、めだたないかたちで、列島外からの流入・定着がくりかえされてきた。日系ブラジル人などの問題化とは、集団として可視的であったこと、日本の労働政策が変革されたことによって浮上したものであって、いわゆるグローバリゼーションのみがここ四半世紀になってはじめておそった、といった認識は、完全に事実誤認なのである。

　これらは、集住の実態や報道の状況をみれば、一層鮮明になる。現在でも日系ブラジル人集住地とは無縁な地域住民は、集住地付近での諸問題とか、不況による大量失業・不就学等の現実は、「対岸の火事」「ひとごと・よそごと」にすぎない。集住地とて、「はじめてふってわいた外国人問題」としか認識されず、在日コリアンが定住・日本国籍取得してきた過程など、ほかの「集住地」の経緯・知的蓄積などとは無縁なまま、0状態から模索がはじまってきた。過去最低でも1世紀にもおよぶ労働・教育問題がくりかえされただろうに、それらの経験は全然といっていいほど、共有化・援用されない。これらは、「在日」が不可視化する生活戦略におこまれた歴史的経緯もあるが、いずれにせよ、問題が隠ぺいされ、あたかも「外国人労働者」問題が過去なかったかのような事実誤認が放置されてきたことの必然的産物である。

もちろん、東北出身者が地域語しかはなせない時期に、無言になってしまったとか、食文化の多様性、ほか、せまい列島上とはいえ、ほそながい地理的配置のなかに、ふるくからある村落の経緯などもあいまって、文化の異質性は想像をこえたものがあった[15]。つまりは、ここ四半世紀の激変とは、居住空間の相当部分が「郊外化＝均質化」し、全国の無数のクレオール日本語（地域版）が急速にテレビの全国ネットを通じて均質化した（並行して在来の地域語をおさえこみつつ）という、生活空間の巨大な変容である。決して、「外国人が急増した」といった印象で総括してよいものではない[16]。

また、《識字率が世界のなかで、ほぼ完璧といえる程度の水準で、例外は少数の障がい者と外国人だけ》といった、調査で確認されたこともない俗論も、この項でとりあげておくべき論点だろう[17]。基本的に、字形としての漢字を直接認識することで、かきことば日本語を処理しているのは、日本の公教育を最低限経験した晴眼者および弱視者にかぎられる。漢字表記に習熟し永年駆使したのち失明した層（中途失明者）のばあいは、漢字を表記しようとした点字は到底習熟困難であり、基本的には、音声化された情報をえるほかないのである。もちろん、晴眼者等であれ、「日本の公教育を最低限経験」するといった経歴をへない層で、機能的識字の水準に達している部分は、例外的少数のはずである。漢字表記から疎外されている幼児や知的障がい者、疾病等で失明した高齢者は、漢字表記を周囲の関係者に代読・解説してもらわないかぎり、日本語情報の大半が利用不能なのである[18]。

以上みたとおり、文化資本の質・量をふくめて、情報処理能力は多様であり、《日本の多数派勢力が、近年になって文化的多様性に対応するほかなくなった》といったたぐいの俗流史観は、歴史に対する無知かマヒといってさしつかえない。

神話2「在日コリアンは、強制連行の被害者たちとその子孫だ」
神話3「在日コリアンなどは、一旗あげようとして渡日してきた主体的選択者たちとその子孫だ」

前者は、おもに左派系、後者は、おもに右派系の論者によって「通説」化

されてきた俗説である。両者とも、自分たちの無自覚なイデオロギーによって歴史的事実をユガめてしまっている。みずからの不勉強を自覚せず、事実を踏まえない論難を応酬してきた。

概観するなら、現在の在日コリアンの大半は、植民地化による経済変動によって、朝鮮半島から不本意ながら流出した労働者層の子孫たちである。総動員体制期の徴用ほか強制的に、あるいは詐欺的募集に応じて渡日させられてきた単身の男女たちの大半は帰国した[19]。日本列島に係累がいないかぎり、おぞましい経験しかない悪魔的な空間からは、はやく脱出したかったわけだし、故郷には家族・親類・友人がのこっていたのだから。

したがって、左派系の俗説は完全な事実誤認だが、右派系の俗説も、自分たちの政治的見解（半島の植民地支配を肯定的にしか捉えない、ごつごう主義的美化）の産物である。右派系の俗説を「在日コリアンの大半は、植民地支配によって困窮するなどして渡日してきた労働者たちの定着層とその子孫だ」と全面改訂すれば、おおむね妥当といえる。戦前からの1世で存命の層はごく少数派になり、また新来外国人として定着した層も多数派ではない。

これらの「神話」が言語政策に直接の影響をあたえてきたとはかんがえづらい。しかし、各地で展開された識字学級が主観的善意によるとはいえ、現代日本の正書法を前提とした同化主義教育を疑問視してこなかったとか、朝鮮学校周辺での教育実践の蓄積が、教育行政はもちろん、教育研究者周辺にも体系的に吸収されず、たとえばブラジル人学校の処遇をどうすべきか、といった議論に全然いかされてこなかったことは、特筆すべきである。とりわけ、新来外国人の継承語問題が議論されるばあいなど、欧米等多文化主義政策ばかりが参照され、朝鮮学校周辺での教育実践への配慮がほとんどされないなどは、異様な印象をあたえる。

在日コリアンのパッシング戦略（差別回避）もあいまって、朝鮮半島からの諸資源の提供によって存続した民族教育を「ひとごと」として位置づけることで、一世紀におよぶ言語継承の実態が視野からはずれていたのである。つみほろぼしかのように展開される識字学級とは、義務教育制度からこぼれおちた少数民族の女性たちの存在を再確認させるものとして、うちなる植民地主義のにがい象徴というべきだ。

神話4「日系南米出身者問題や外国人研修生問題は、当局の想定外だった」

　これは、政府当局や連合など労働団体を免罪する悪質な見解である。異動・退職などによって、どうせ責任などとるはずのない当時の責任者などの弁護を、いまさらくりかえす意図がなにかはわからない。しかし、研究者の一部はあきらかに免罪論に加担してきた。
　たとえば、梶田孝道などは、「出入国管理及び難民認定法」改正（1989年成立、90年施行）の策定にかかわった官僚たちからへの調査によって、「意図せざる結果」だと結論づけた（梶田 2005: 119）。しかし、この改正にふかく関与した坂中英徳自身の告白が反証している。
　坂中は、「日系人労働者の処遇」という文章において、

> 90年の改正入管法で、3世まで就労可能な法的地位を与えたことで日系人の入国は飛躍的に増えた。私は法務省でこの法案の骨子造りに携わった。…当時、日本はバブル経済で、経済界から「外国人労働者を受け入れるように」との要望が強かった。一方、ブラジルは超インフレの時代で物価が高騰し、日系社会も悲鳴を上げていた。このような背景の下で、日本人の血を引く日系人に定住者の資格を認めることが、双方の国益にかなうと思った。

と明言している（坂中 2008）。急増を官僚たちが全然予期していなかったとか、改正案の趣旨において「意図せざる結果」だという総括は、事実誤認か隠ぺいというほかない。リリアン・テルミ・ハタノは、「日系人の増加は『明白に予想された結果だった』としか思えない」と梶田を批判している[20]。
　どうみても、産業界の要請にもとづいて入管システム・労働法制を抜本的にきりかえてしまおうという、各省庁間の明確な合意形成があった。当時の関係者の「課題」はただひとつ、労働界をはじめとする国民の不安や反発をおさえこみ、「日系人のUターン現象」歓迎ムードをもりたてる世論構築だったろう。基本的に大企業の組織労働者の利害調整組織にすぎない連合等の組織は、「中小企業の三Kといわれる分野」（法務省入国管理局 1990）での

人件費圧縮に対して好感をもっていたはずだ。〈日本人の血統〉という共同幻想を援用した〈美談〉に加担することへの罪悪感などなかったのではないか。総評・ゼンセン同盟・造船重機労連などは明確な反対表明をしたようだが(中川 2003)、連合が 1989 年 11 月に結成され、既存の大組織が解体・吸収されていった時期にあたり、外国人の単純労働者うけいれの機運は、とどめようがなかったとおもわれる。

また、坂中ら「入管法改正」の中心メンバーたちによる「改善していかなければならない課題も多い。特に日本側の受け入れ態勢で一番不十分なのは子どもの教育だ。……日本の小学校、中学校は日本語ができない子どもを教えた経験が浅いため、外国人を教育する体制になっていない。そのせいで小中学校に通わない子どもが多く、高校進学は少ない。政府は、外国人は義務教育の対象外と言うが、外国人の子どもにもしっかり基礎教育を行う体制づくりを急ぐべきだ」といった、検証と提案もあやしい。当初から問題がみえていたのに、無策だった事実から目をそらす意図ないし記憶の捏造があるのではないか。

すくなくとも、入管法改正直後(1991 年)には、日系人労働者の「コスト」が、事後的にせよ課題として検討されていた。山田泉が着目した「企業での社会保険加入率が低かったり、住宅、日本語研修、安全衛生等に関する外国人という特性を勘案しての特別な措置を、企業の責任で対応しているところが少ないので、現状では、雇用に伴うコストが日系人労働者のほうが日本人労働者より低い…『これらの費用をすべて支払った場合の日系人労働者の一人一カ月当たりの労働コストは、日本人の場合に比して高くなる』」(労働省職業安定局『外国人労働者受入れの現状と社会的費用』労務行政研究所 1992)[21] といった指摘などは、労働省(当時)周辺の官僚たちが、あくまで事後的ではあれ問題の所在に充分自覚的だったことを、うかがわせる。

津崎・倉田らによれば、「労働省職業安定局は、社会的コストには①雇入れに先立つ費用、②雇入れに伴う費用、③雇用調整及び失業の費用、④社会的統合にかかる費用、⑤帰国担保、送還等に関する費用、⑥外国人と自国人の摩擦や紛争解決、という六つの種類があるとし、それぞれ、国による費用、自治体による費用、企業による費用という形で分類し、日系人の実体を

元に外国人労働者一人当たりのコストを分析した」[22]。

　津崎・倉田らからは、「社会保険の給付が含まれておらず、外国人労働者の社会保険の支払を一方的に、外国人労働者導入による便益とみなしている」「『社会的コスト』の概念も、考えられる費用項目を羅列しただけで、あいまいで…④社会的統合にかかる費用」と「⑥外国人と自国人の摩擦や紛争解決」の二つが並列に並んでいるが、社会的統合とは、後者を含むのではないか」「外国人労働者の雇用主が負担する費用も社会的コストとしているが、雇用主のコストは社会的と認めうるのか否か」「社会的コストに対する社会的な効果、あるいは便益として、税収の増大を中心にしている。しかし、税収の増大は外国人労働者導入による社会的便益であろうか」等々の問題が指摘されている。

　要するに「結論ありき」で「入管法改正」にふみきったものの、労働官僚としては、社会問題化するまえに「コスト」を検討したというアリバイ工作が必要だったのだろう。そして、これら諸問題が「改正」以前に全然意識されていなかったとは、到底おもえない。「人権」よりも「統治」、「自由」よりも「秩序」を優先する官僚制からすれば、当然である。おそらく、日系人集団が急増することは、産業界の要請をうけた自民党議員らの意図をくんで「改正」で合意していた官僚たちの「予想」どおりだった。労働界の一部や共産党、あるいは識者からの「反対論」を意識しなかったはずもなく、もたらされるであろう「社会的コスト」も、机上ではおりこみずみだったとおもわれる。要するに、政官財のあいだで「費用対効果」が大と判断されたからこそ、異例で強引ともいえる法改正が断行されたといえよう。

　「外国人研修制度」問題も同様である。さすがに賃金不払い問題や、殺人事件・レイプ事件等まで噴出し社会問題化する、といった事態は「予想」外だったかもしれない。しかし、近年「研修生」「実習生」理念が完全に空洞化し、制度自体が機能しなくなった。賃金水準上、外国に生産拠点をうつさないかぎりたちいかなくなった産業・業種の要望をみたすための制度と化し、「研修生・技能実習生」の労働搾取をおこなう（≒同一労働同一賃金とか最低賃金制に反した最悪の労働条件を前提に雇用する）という、犯罪の温床となった。関係各省庁の官僚たちは、一種の脱法行為を黙認したというほか

ない。中国の改革・開放路線によって、労働者の国外渡航がゆるめば、なにがおきるかは容易に見当がつく事態だったはずだ。

そして、これら2例に共通するのは、両者の位置づけが、①長期定住を前提とせず、いずれ帰国すること、②こまやかな指示や微妙な接客業務などとは無縁な「単純労働」を低賃金でこなす労働条件が自明視されていること、③日本での結婚・育児といった現実をあらかじめ想定外にしていたことである。当然、④労働者本人への生活上・職務上必要とされるだろう日本語研修も形式的なアリバイ工作でしかなく、事実上放置されており、同時に⑤2世世代に対する基礎教育(日本文化をふくめた市民的素養)・文化継承(民族性の基盤確保)を保障しないことが、近年になるまでかくされていた。

これらは、たとえばインド系の単身者の技術労働者等が、英語と日本語によって、かなりの意思疎通をはかりながら、ソフトをくんでいるといった状況とは、完全に対極といえよう(こちらは、自生的秩序が成立しており、各省庁がくちだしする必要性が不在)。また、インドネシアからの介護・看護研修のばあいとは、質・量双方で別種の問題として、推移してきた。定住することが自明のインドシナ系定住者や中国帰国者家族、アジア人花嫁などとも、質・量双方で別種の問題がおきることになる。中国人研修生・技能実習生は、デカセギでしかないし、日系ブラジル人・ペルー人等は、景気の安全弁としていいように利用されているため、帰国するか定住するか自体が流動的で、本人たち自体が将来をよみきれないからだ。

4　ささやかな提言

【提言1】「人権と統治」という、二つの軸から冷静に現実を直視しよう。

言語的人権[23]は、追求しだすと、きりがないのも事実。その意味では、時間・人材・資金等、かぎられた諸資源を前提に、具体的にできることをさがし確保していかねばならない。しかし、研究者・教育者の倫理的な姿勢として、おさえるべき最低基準はあるとおもわれる。①それは、弱者の人権は基本的に軽視される宿命があり、また多数派がみおとしがちな、あるいは制

度上「すきま」にはまって権利保障がないがいしろにされるケースがごく一般的だったという普遍的・経験的現実があるという点。②「統治」は、エリート支配を合理化するものではなく、エリート支配の暴走を抑止する性格のものであり、強者たちが既得権を自明視するような策動を規制する強制力である点。

　また人権保障とそのための統治のために、専門知識の蓄積と専門人の養成がかかせない。司法通訳や医療通訳など「死活問題」はもちろん、2言語間の媒介能力だけではなく、各種領域での専門知識をあわせもった人材の確保のためには、人材養成制度とそれをになう指導層と経営陣が不可欠である。過去に植民地をかかえた旧帝国語でさえも、英米語以外は人材がきわめて限定されてしまううえに、司法・医療等、専門知識をあわせもつとなると、極度の人材難は、慢性的なものとなる。ビジネス上の誤解等は、民間企業等の自己責任と放置してよいが、人命・人権にかかわるような誤解は可能なかぎり回避する必要がある。専門資格の制度化はもちろん、人材を公的に養成し公務員等としてポストを確保するのは、公権力の当然の責務である。しかし、移民労働力をはじめとして、公権力は、予算等の限界もいいわけに、責任回避に終始してきたのではないか。

【提言2】愚行(愚考)をくりかえさないよう、歴史にまなぼう。

　近現代空間が、変動をやめることのない特殊な時空である以上、同一の社会現象が反復されることは基本的にない、といってよい。しかし、自殺や密室での暴力が偶発的な逸脱現象ではなく構造的な必然的産物だ…、といった経験的原理があるのとおなじように、愚劣な言動や非道な制度・事件は、酷似した条件のもと、ほぼ確実に同質の経路・構図でくりかえされる。したがって、「歴史にまなばないかぎり、ほぼ確実に愚行(愚考)をくりかえす」宿命から、のがれることは困難だ。

　また、過去の事例は、共時的な他地域の事例と同様、目前の事象を相対化し冷静に位置づけるための、比較対象となる。類似の現象がくりかえされているかどうかはともかく、時空をたがえた2例をくらべることは、目前の事

象を相対化し冷静に位置づけるための不可欠の素材である。比較の不在は、野蛮な独善主義か、机上の不可避論となって、思考の柔軟性をうしなわせる。時空上なるべくたくさんの比較対照となる事例を踏まえたい。

【提言3】情報強者と情報弱者の両極を対比して問題を整理しよう。

「情報弱者とはいいがたい日本列島上の英語話者」や「日本語・英語を第一言語としない言語的少数派」「障がい者」を対比的に位置づけよう。たとえば、ALSなど意思表示が不可能にちかい全身性マヒ（「閉じ込め症候群」）や、知的障がい者の人権保障は深刻な課題である（立岩 2004、川口 2008、2010）。しかし、日本人のほとんどは問題の所在さえしらないだろう。一方英語による情報が膨大に流通していて日本語を全然しらなくてもすむ、英語でしゃべりつづけていれば通訳してくれる人物があらわれる、といった、全然「言語的少数者」ではない一群が日本列島には大量に在住している（東京など大都市だけでなく、各地の米軍基地といったかたちでも）。

【提言4】「人材のツマミぐい」の道具として悪用されない言語政策を維持させよう。

「高度外国人材」といった表現や、経済連携協定など、「人材の選別的確保」を自明視してはならない。移動の自由、職業選択の自由があるかぎり、経済格差などにともなって、労働移動や進学等は不可避である。国外などで養成された人材を「すけっと」ないし「即戦力」として利用するだけで、「隣人」としては位置づけないといった、てまえがってな姿勢は、早晩崩壊するか、問題を伏在化させたまま、偽善的・欺瞞的な二重構造が社会をくみたてることになる。エリートや業界人だけが実態を「密教」として把握するという構図は解体しなければ、不正・搾取がのこりつづけるだろう。

難解というより大衆を疎外する障壁というほかない漢字・カタカナ表記による専門語を放置した医療現場と資格試験を放置する以上、研修のなのもとに専門家を補助作業員として搾取するか、関係者が消耗するのが大半の研修

実態になるのは、最初からわかりきったことだった。日本語研修はもとより、はじめから研修を目的としていない労働現場をあてがった外国人研修・実習生制度も、単なる労働搾取の装置でしかなかった。

　一方で、スポーツ選手や大学教員など、あらかじめ即戦力としての特殊技能を期待とした「高度外国人材」といった分類は、外国からの労働搾取の合理化の危険をはらむのであって、日系ブラジル人労働者の搾取と通底する点には、留意が必要だ。「(かれらには)日本語研修は失礼だ」といった厚遇は、かいたたかれる外国人労働力への日本語研修コストの回避策と、ねっこは同一だからだ。

【提言5】少数者・弱者をコスト視せず、合理性・倫理性のたかい社会へのカガミとしよう。

　恣意的な漢字表記の慣習にとどまらず、安易な伝統主義、安易な「最大多数の最大幸福」指向は、既得権死守のための擁護論をどんどんうみだす。少数者・弱者の権利保障を徹底追求(追究)してきたか。それを再検討すべき。

　商機や科学競争のためには死力をつくしてきた知恵者たちが、権利保障のために尽力することはおおくない。言語政策とは、少数者・弱者の権利保障が商機や科学競争として成立する基盤づくりを政治権力が保障する装置ということができまいか。社会全域が合理性・倫理性のたかい空間へと変貌をとげられるよう、各人の努力・士気が維持される制度・文化づくりへと英知がかたむけられるべきである。

　たとえば、ろう児は保護者の属性にかかわらず人工内耳手術をうけるのが最善であるとか、移民2世はホスト社会の言語に適応できる(たとえば、漢字かなまじり表記を駆使できる)のが必須、といった「常識」にとどまるのではなくて、少数者・弱者が特段のコスト・苦痛・努力などをせまられない社会づくり。少数者・弱者の権利保障が、多数派にとって単なるコストであるといった「常識」の氷解。情報のユニバーサルデザインの徹底追求こそ、合理的にして倫理的な社会システムの構築なのだという、あらたな「常識」「倫理」の確立・定着をいそがねばなるまい。

それらは、貧困とか大規模破壊兵器リスクとか環境破壊などとならんで、緊急課題なのであって、たとえば、軍事同盟だとかエネルギー安全保障だとか、ハブ空港競争といった国策などよりも重要な課題のはずである。

注

1　憲法学では、伝統的に「統治と人権」という2系統で構成されているとされてきた。たとえば、かりに「言語基本法」といった法制が実現するばあいは、教育基本法などと同様憲法に準じた構成をとるだろう。

　ちなみに、「統治／人権」という二分法に対しては、「統治の全機構の奉仕すべき第一目的は人権の保障にある」(小林 1976: 46)という見解がある。「憲法が統治権力への命令であること。詳しく言うと、(1)憲法が国民から統治権力への命令で、(2)法律が統治権力から国民への命令で、(3)憲法が法律に優越するとは、国民からの命令の範囲内でのみ統治権力は国民に命令しうる」(宮台 2004)という見解とかさねるなら、強制力を保障された国家権力や自治体は、基本的に人権保障のためにあり、強制力とは、人権保障の障害除去、ないし人権同士の衝突回避・解消のための「交通整理」的な作用でのみゆるされると、国民から命令されていることになる。「言語基本法」を立案するとすれば、おのずと言語的人権の保障と、人権間の調整のための統治がもりこまれることとなろう。

2　皇室典範をはじめとした広義の憲法体系や教育基本法など、さまざまな戦後の立法過程が、戦前、そして民族的な伝統文化との断絶を画策したGHQや中ソの影響下の左派勢力の破壊運動の産物であるかのような「史観」は、事実誤認というより、無知にもとづいた妄言のたぐいであり、ここにかかわりあう政策史等のこころみは、無自覚な疑似科学というほかない。文部省が教科書の表記を管理したとか、陸軍が兵士むけの装備品のマニュアル表記を合理化したとかは、諸外国からの介入の結果でないことはもちろん、私生活や小集団の表記に権力行使する目的をもたなかった。

　近年の漢字・かな・ローマ字等の混用状況＝アナーキーさの現状については、庄司他編(2009)など。

3　裁判所法「第七十四条（裁判所の用語）　裁判所では、日本語を用いる。」
　ちなみに、刑事訴訟法「第十三章　通訳及び翻訳」では、

　　・第百七十五条　国語に通じない者に陳述をさせる場合には、通訳人に通訳をさせなければならない。
　　・第百七十六条　耳の聞えない者又は口のきけない者に陳述をさせる場合に

は、通訳人に通訳をさせることができる。
　・第百七十七条　国語でない文字又は符号は、これを翻訳させることができる。

とある。
　これら条文は、起草者はもちろん、立法者や法曹たちが「国語」を自明のものとして、なにも疑問を感じていないことを象徴している。しかも、クルマスらが着目するとおり、刑事訴訟法第百八十一条「刑の言渡をしたときは、被告人に訴訟費用の全部又は一部を負担させなければならない。」という規定は、有罪判決をうけた外国人・ろう者等が、みずからの人権をまもるために自弁しなければならないことをしめしている（クルマス 2003、太田 2003）。

4　基本的論点は、志水・清水（編）(2001)、宮島・太田（編）(2005)、真田・庄司（編）(2005)、田尻他(2007)、春原（編）(2009)、田尻（編）(2009)、『月刊日本語』(2009年8月号)等、およびそれらの参考文献に、ほぼ網羅されているというのが、業界の一般的な見解だろう。しかし、外国人労働者等に対する、自治体や学校、および監督官庁等がらみの「言語政策」上の諸課題はカバーしていても、残念ながら、それ以外の領域が軽視されているきらいがぬぐえない。田尻ほか(2007)の文献リストはかなり網羅的であるが、例外的であり、一般に社会言語学的観点や障害学的観点もよわく、外国にルーツをもつ集団以外のさまざまな情報弱者への配慮、敬語・正書法等規範システムの権力性へのめくばりは不充分というほかない。
　たとえば、雑誌『社会言語学』(2001年〜)の各論考や『季刊福祉労働』(123号、2009年)の特集におさめられた諸論文などは、すべてが「言語政策」の課題のはずであるが、日本語教育業界や社会言語学業界の各層にとって、どの程度自覚があるだろうか？
　日本の広義の言語政策に関する問題群がどのあたりかは、真田・庄司（編）(2005)の「目次　◆項目一覧◆」(ix-xi)および、「社会言語学」刊行会運営サイトの、「『社会言語学』(2001 〜 2009)掲載論文キーワード別一覧」など参照。

5　たとえば、災害救助をふくめた医療サービスも、言語的人権としての情報保障を確保しないかぎり、充分に機能しようがない。2010年4月に発生した、中国青海省での大震災のばあいも例外ではなかった。

　　　……被災地の人口の97％を占めるチベット族には、標準中国語（北京語）を理解しない高齢者も多い。標高3700メートルでの厳しい寒さと酸欠に加え救助隊は「言葉の壁」にも直面している。……近隣からボランティアに駆け付けたチベット族男性(28)は「運動場ではもっと大規模に食事を提供しているけど、被災者には、あまり知られていない」と訴えた。

医療や食事提供の案内はすべて中国語で書かれている。「これでは意味が伝わらない人も多い」と男性は強調した。……
　チベット族でも学校教育を受けている若者は北京語を話せるが、高齢者には話せない人が珍しくない…
（「中国地震　支援に「言葉の壁」　高齢者、標準語案内読めず」『毎日新聞』2010/04/18）

　しかし、これは、多民族性が課題の中国大陸などにかぎられた問題ではない。たとえば「医学に関係する津軽弁」(http://www.jomon.ne.jp/~ysawada/07_tsugaruben/index.html)、あるいは、「方言で医療困った！津軽弁などデータベース化へ」（産経新聞　20008/03/08）といったサイト・記事でもわかるとおり、たとえではない「死活問題」なのである。救急病棟に搬送された外国人などのばあいは、いうまでもない。要するに、これら障碍は「標準語」の普及によって解消する問題ではないし、頻度・重要度とか人材育成という諸課題はあるにせよ、言語的人権にとどまらない深刻な事態が発生していないかの監視と、制度的な対策の拡充が急務なのである。概観としては、松尾(2005)、日高(2005)、金澤(2005)など参照。

6　前項の「言語的人権」の保障とかさなるが、自治体や民間支援団体がドメスティックバイオレンスに関する多言語相談窓口をひらいても、専門知識の水準に対応した語学力の不足や守秘義務等の倫理意識の欠落など、二次被害のケースさえあるようだ（糸魚川 2006: 48-49）。専門知識・人権意識双方に対応した高度な語学力と感性がもとめられるということは、それだけで希少価値をもつはずで、医療・司法周辺ほかで、厚遇での人材確保がないかぎり、人権をまもれまい。行政当局としての統治行為も機能不全をきたすはずだが、「相談業務は…予算の問題で、有能な人材確保が難しい。日本語に堪能な外国籍者は、他の職種（たとえば工場労働）の方が、より高い報酬を得られる場合もある」（糸魚川 2006: 49）といった状況にいたっては、世評どおりの人権後進国ぶりといえそうだ。

　ろう者のたちばから、裁判員制度等の問題を指摘したものとして、木村(2009)。

7　このなかには、標準語や英米語等、多数派言語文化を充分に習得するなどの方向での言語的人権はもちろん、それらを少数派のかかえる諸条件に応じて部分的・全面的に拒否する方向での言語的人権がふくまれる。移民や先住民族等の継承語の権利等は、これらの選択権とセットでかんがえられねばならない。

8　図書館サービスにかぎっても、久松(2005)などがのべるとおり、公共図書館にとっての「障害者、高齢者、入院患者に対するサービス」にとどまらず、欧米等での大学図書館における「マイノリティの学生に対するサービス」が「アウトリー

チ」概念の守備範囲であり、より一般化すれば「サービスを当然享受できる立場にありながら、何らかの障害のためにサービスが及んでいない集団にそれが享受できるよう支援を行うこと」を含意する。久松によれば、現在の大学には「一般市民も多くキャンパスに集まるようになり、当然その教育をサポートする図書館の利用の権利を求められる」。久松の指摘は、みな大学構内への来場者への対応だが、図書館・研究室・研究所等が蓄積したデータベースの利用はもちろん、司書による各種レファレンス業務が、電子機器経由にとどまらず、可能なかぎり出張サービスにも応ずるようなシステムづくりがもとめられる。そうでなければ、公共図書館や大学図書館が、カネとヒマと知恵のあるものだけの情報サービス機関としてとどまりつづけることになる。

9 盲ろう者や弱視者、中途障がい者、重複障がいなど、障がい者の一部、難病患者や感染症罹患者、あるいは帰国者・移民二世世代など、制度的・社会的配慮のすきまにおちいりがちな諸個人は、ちょっとしたことで無権利状態におちいるハイリスク集団といえる。こういったハイリスク層は、対処に一層の配慮が必要なのであり、現場担当者が経験主義的に対処方法を蓄積していくだけでは、技術の継承も整理・体系化や歴史的・地理的な比較対照などによる相対化も困難である。

10 その意味では、NPO法人が運営するフリースクール「龍の子学園」を前身とする学校法人明晴学園（東京都品川区）が2008年に開校するまで、「ろう者の、ろう者による、ろう者のための公教育」が日本列島に存在しなかったというのは、おどろくべき現実である。「手話という第一言語をもとに、第二言語としての日本語の読み書きを学ぶ」（「教育理念・方針」『手話の学校　明晴学園』http://www.meiseigakuen.ed.jp/principles_folder/index.html）という、現実的で穏当な指導方針が、全国の聾学校でなぜ実現しなかったが、とわれなければなるまい。
　既存の「聾教育」のかかえてきた諸問題については、金澤（2006）など。

11 これらの議論を「非現実的」などと即座に断定できると信じる層は、どうか防衛費や各種公共事業等との優先順位をご説明いただきたい。累積する財政赤字等をもちだすなら、一層、既存の財政上の配分比率は、優先順位の正当性をめぐって抜本的な再検討が不可欠なはず。少子高齢化によって外国人労働力等の活用が不可欠だといった論調自体が自明な正論か、とわれねばならないが、かりにこれら主流の議論を前提にしたところで、以上のべたような種々の論点への説明責任が政府・自治体当局にはある。

12 宝珠山昇防衛施設庁長官（当時）が「沖縄県民は基地と共生、共存を」と求めた発言」が問題視された事件（1994年9月9日）などが典型だが、権力者や多数派が「共生」「共存」といった表現をえらびたがるのは、明確な意図の有無にかかわらず、魂胆や罪悪感などが介在しているとうたがわれる（「1994年（平成6年）沖縄県内十大ニュース」『琉球新報』1994年12月25日、http://ryukyushimpo.jp/news/

storyid-150986-storytopic-180.html）。
13 「『玻』は名前に使えず　両親の特別抗告を棄却　最高裁」（産経新聞 2009 年 4 月 8 日 20 時 7 分配信）などからも、自治体・裁判所等関係当局は、「人名用漢字ではない」「『玻』の文字は社会通念上、常用平易な文字とはいえない」といった論理で、法的な漢字使用を制限してきたことがわかる。これこそ、統治行為による言語的人権への規制の典型例であるが、これら当局の介入に対して、文化的な保守層は、不当な人権侵害といった論調で非難してきた。しかし、「人名漢字」の範囲の妥当性はともかくとして、文化資本を相当必要とし、基本的には、ふりがなつきでないかぎりよめそうにない表記までも「公的に表記を保障せよ」といった論理がふきだすこと自体、この列島の人権（文化継承権）概念のネジれとみるべきだ。
　　有名なものとしては、「團」という表記でない郵便物は未開封ですてると公言した高名な音楽家のような例もある。これら旧字体にこだわって常用される字体を否定する（＝一族のアイデンティティーの抑圧とみなす）層の存在と、擁護論も無視できない。
14 もちろん、近代以前までさかのぼるなら、薩摩焼を島津家に献上しつづけた苗代川窯をささえていた朝鮮人陶工たちを無視できない。強制連行されてきた男女が外部との通婚を制限されたりすることで、「同化」が進行したのは明治維新以降であったことをかんがえるなら、古代の「渡来人」系の問題を除外しても、「在日」問題は 4 世紀ごしということも可能である。
15 琉球列島出身の芸能人・アスリートなどの急増も、在日コリアンのそれも、総じてよい現象にみえるが、背後にあるものは全面的に肯定できるようなものでない。双方とも推定 1％の人口比からして不自然に高率だ。劣等感や被差別感をもとにした強烈な同化意識が作用した結果の累積こそ現状をもたらしたのであって、それらの過程を全面肯定してよいはずがない。そして、前者にあっては米軍基地問題、後者にあっては国籍ほか入国管理法関連での差別など、問題は清算されていない。
16 戦後にかぎっても、「中国帰国者」「インドシナ出身定住者」（1970 年代〜）、「日本人男性とアジア地域出身の妻」をもとにした家族（1980 年代〜）、など、東アジア関連のひとびととか（宮島・太田（編）2005）、激減したとはいえ 1990 年前後の在日イラン人の存在など、コリアン、中国人研修性・就学生という、まとまった集団以外にも無視できない質・量の人口移動・定着があったことを、みのがしてはなるまい。
　　これら認識上の非歴史性は、言語権周辺の議論にかかわる研究者等についても四半世紀まえには充分あてはまったのが本邦の実態であった（ましこ 2003）。しかし、一層深刻なのは、自治体・教育関係者への啓発を目的とした一連の出版物の

なかにも、従来の俗流の歴史認識にとどまるものがすくなくない点である。たとえば、つぎのような記述が問題化してこなかったことこそ、問題だとおもうが、いかがだろう（河原・野山（編著）2007）。

　…しかし、近年の外国人の増大という現象を前にして、改めてそんな神話は過去のものであることを再認識したい。
　…日本語を十分に理解し得ない人々が急速に増加していく事実をどのように受けとめるべきか。このことは我々が取り組まねばならない大きな課題である。
　外国人は急速に増えていくだけではなくて、彼らの定住化が進み、……
(p.3)

　…最近は、家族と供に来日し長期滞在する定住志向の人も増えつつある。しかし、例えば、近くにブラジル人が居ることを可視的に感じられるほど多くのブラジル人が住んでいる地域というのは、全国的に見てもまだ決して多くはなく、ほとんどの地域では、分散して住んでいる場合が多いと言えよう。
　一方、特に日系ブラジル人を中心とした人が集中して居住する集住地域が群馬県、静岡県、愛知県、長野県などに増えてきており、自治体の総人口の3〜5（全国平均では約1.6％）を超え、地域によっては15％を超えるような、いわゆる外国人集住地域が形成され始めている。結果として、「日本生まれかどうかは別にして、就学前や就学年齢層等の子どもの中に、日本語を母語（第一言語）としない子どもが増えてきており、こうした子どもを含め、日本語が第一言語でない人々に対する言語サービスの需要は、ますます増大し……
(p.5)

　このふたりの編者にとっては、戦前戦後をとおして列島各地に点在してきたとえば朝鮮系の集住地の存在は、最近の定住化とか「日本語を十分に理解し得ない人々が急速に増加していく事実」とは無関係なのだろうか。過去の政府・自治体の無策はどうでもいいのか。

17　近世後期における識字率の過大評価の実態については、教育史の蓄積として、鈴木（2006）、およびルビンジャー（2008）。識字率神話については、ましこ（2003）、あべ（2006a）、山下（2009）など。
18　視覚障碍は、それぞれの内部に複雑な差異があり、かかえる諸課題はグラデーションをなしながらも、いつくかの断絶がある。それは弱視者の視力の大小や失明時期の異同をかんがえれば、すぐわかる。また、これに聴覚障碍がくわわった「盲ろう者」のばあいは、視覚障碍・聴覚障碍それぞれの水準、失明・失聴の時

期など、そのくみあわせは、想像以上に複雑である（高橋・福島 2009）。弱視者をふくめた障がい者にとどまらない情報弱者の言語的人権のうち「漢字弱者」問題を概観したものとしては、あべ（2006b）など。広義の情報保障については、古賀（2006）、打浪（古賀）（2009）。漢字かなまじり表記を全盲者にしいることは、音声認識事実上不可能な障がい者に口話法をしいるのと同様に、有害無益だとおもわれるが、まったく自覚がない実践例としては、道村（2010）など。

19 こまかいこといえば、一度帰国しながら、チェジュド（済州島）での「4・3 蜂起」（1948 年）や、朝鮮動乱（「朝鮮戦争」1950–1953）など白色テロや戦乱からのがれて再入国した層、「従軍慰安婦」等、故郷での非難をおそれて帰国しきれなかった層や、すでに定着していた親類・友人等のもとにみをよせて定着した層なども無視はできない。しかし、総数からみれば少数派のはずである。

20 ハタノが指摘する国会等での官僚たちの答弁記録ほかをみるかぎり、「意図せざる結果」論は、完全な事実誤認、ないし隠ぺいである。ハタノは追及していないが、「省庁職員へのインタビュー…に比重を置きすぎると、各省庁の利益に沿った結論へ自然と誘導される危険がある」のに、ハタノが参照した「国会会議録検索システム」などによって確認しなかった（か、しながら、あえてふせた）のは、不誠実である（ハタノ 2006）。

　ハタノが証拠としてあげている、「日本では、労働力が不足している。特に中小企業の三 K といわれる分野では労働力不足が強い。中小企業は…人手不足だと倒産してしまうので、前から不法就労とならない日系人に対する労働需要は多かったんですが、これが一層強くなっている状況です。」（外務省領事館移住部・領事移住政策課企画官、戸田勝規）とか、「日系人のUターン現象ということで、数が増えていること自体について労働省としては問題としておりません」（労働省職業安定局・外国人雇用対策室室長補佐、梶田洋二）といった発言（法務省入国管理局 1990:11–16）をみるかぎり、意識されているのは、バブル経済におどる産業界の労働需要だったとおもわれる。

21 田尻他（2007: 162）から再引。

22 http://www.ier.hit-u.ac.jp/pie/Japanese/discussionpaper/dp2001/dp75/text.pdf

23 「言語権」「言語的人権」に関しては、おくればせながら、近年ある程度の理論的蓄積がみられる。言語権研究会（編）（1999）、鈴木（2000）、桂木（編著）（2003）、小嶋（監修）・全国ろう児をもつ親の会（編）（2004）、『ことばと社会』編集委員会（編）（2004）、渋谷（編）（2005）、ましこ（編著）（2006）、渋谷・小嶋（編著）（2007）、福祉労働編集委員会（編）（2009）。

参考文献

あべ・やすし（2006a）「均質な文字社会という神話―識字率から読書権へ―」『社会言

語学』6 号 「社会言語学」刊行会
あべ・やすし（2006b）「漢字という障害」ましこ・ひでのり（編著）『ことば／権力／差別』三元社
アルク（2009）『月刊日本語』（2009 年 8 月号　特集：どうなる？　外国人をめぐる国の動き）
糸魚川美樹（2006）「公共圏における多言語化—愛知県の事例を中心に—」『社会言語学』6 号　「社会言語学」刊行会
植田晃次・山下仁（編）（2006）『「共生」の内実　批判的社会言語学からの問いかけ』三元社
打浪（古賀）文子（2009）障害者と情報アクセシビリティに関する諸課題の整理—情報保障の概念を中心に —」『社会言語学』9 号　「社会言語学」刊行会
太田美行（2003）「多文化社会に向けたハードとソフトの動き」桂木隆夫（編著）『ことばと共生』三元社
梶田孝道（2005）「国民国家の境界と日系人カテゴリーの形成—1990 年入管法改定をめぐって」梶田孝道・丹野清人・樋口直人『顔の見えない定住化—日系ブラジル人と国家・市場・移民ネットワーク』名古屋大学出版会
桂木隆夫（編著）（2003）「ことばと共生　言語の多様性と市民社会の課題』三元社
かどやひでのり（2009）「識字運動の構造—同化主義・能力主義の再検討によるコミュニケーションのユニバーサルデザイン—」『社会言語学』9 号　「社会言語学」刊行会
金澤眞智子（2005）「コミュニティ通訳」真田真治・庄司博史（編）『事典　日本の多言語社会』岩波書店
金澤貴之（2006）「聾教育という空間」ましこ・ひでのり（編著）『ことば／権力／差別』三元社
川口有美子（2008）「ALS の隠喩、TLS（Totally Locked-in State）を概観する：重篤なコミュニケーション障害をもつ人の在宅介護の体験から」（国際公開シンポジウム：人間改造のエシックス—ブレインマシンインターフェースの未来　2008/01/14：京都大学　http://www.arsvi.com/2000/0801ky.htm）
川口有美子（2010）『逝かない身体— ALS 的日常を生きる』医学書院
河原俊昭・野山 広（編）（2007）『外国人住民への言語サービス』明石書店
木村晴美（2009）『ろう者の世界』生活書院
京都新聞（2010）「障害者の意思疎通方法　自ら研究—視力や発語能力失い大学院へ」（2010/04/07 夕刊：1）
クルマス，フロリアン（2003）「日本の多文化社会への道程」桂木隆夫（編著）『ことばと共生』三元社
言語権研究会（編）（1999）『ことばへの権利　言語権とはなにか』三元社

古賀文子 (2006)「『ことばのユニバーサルデザイン』序説―知的障害児・者をとりまく言語的諸問題の様相から―」『社会言語学』6 号 「社会言語学」刊行会
小嶋勇 (監修)・全国ろう児をもつ親の会 (編) (2004)『ろう教育と言語権 ろう児の人権救済申立の全容』明石書店
『ことばと社会』編集委員会 (編) (2004)『ヨーロッパの多言語主義はどこまできたか』三元社
小林直樹 (1976)『現代基本権の展開』岩波書店
桜井啓子 (2003)『日本のムスリム社会』筑摩書房
坂中英徳 (2008)「日系人労働者の処遇」『SAKANAKA CHANNEL』(2008 年 01 月 22 日) (http://blog.livedoor.jp/jipi/archives/51062815.html)
真田信治・庄司博史 (編) (2005)『事典 日本の多言語社会』岩波書店
「社会言語学」刊行会「『社会言語学』(2001 〜 2009) 掲載論文キーワード別一覧」(http://www.geocities.jp/syakaigengogaku/ki-wa-do01.html)
しばざき・あきのり (2006)「書評 公共図書館で働く視覚障害職員の会 (なごや会) (編)『本のアクセシビリティを考える』(読書工房、2004 年)」『社会言語学』6 号 「社会言語学」刊行会
しばざき・あきのり (2007)「書評 出版 UD 研究会 (編)『出版のユニバーサルデザインを考える』(読書工房、2006)」『社会言語学』7 号 「社会言語学」刊行会
渋谷謙次郎 (編) (2005)『欧州諸国の言語法 欧州統合と多言語主義』三元社
渋谷謙次郎・小嶋勇 (編著) (2007)『言語権の理論と実践』三元社
志水宏吉・清水睦美 (編) (2001)『ニューカマーと教育―学校文化とエスニシティの葛藤をめぐって』明石書店
庄司博史・P ＝バックハウス・F ＝クルマス (編著) (2009)『日本の言語景観』三元社
鈴木敏和 (2000)『言語権の構造―英米法圏を中心として』成文堂
鈴木理恵 (2006)「近世後期における読み書き能力の効用―手習塾分析を通して―」『社会言語学』6 号 「社会言語学」刊行会
角知行 (2006)「漢字イデオロギーの構造―リテラシーの観点から―」『社会言語学』6 号 「社会言語学」刊行会
高橋信行・福島智 (2009)「盲ろう者の ICT 利活用における問題」福祉労働編集委員会 (編)『季刊福祉労働』第 123 号 (特集：情報保障・コミュニケーション支援) 現代書館
田尻英三・田中宏・吉野正・山西優二・山田泉 (2007)『外国人の定住と日本語教育 (増補版)』ひつじ書房
田尻英三 (編) (2009)『日本語教育政策ウォッチ 2008―定住化する外国人施策をめぐって』ひつじ書房
立岩真也 (2004)『ALS 不動の身体と息する機械』医学書院

田中邦夫（2009）「講演録：情報はどう保障されているか―中途失聴者から見た現状―」『社会言語学』9 号 「社会言語学」刊行会

津崎克彦・倉田良樹「外国人労働者の導入とその社会的コスト　定住ベトナム人を事例とする政策論的考察」
　　（http://www.ier.hit-u.ac.jp/pie/Japanese/discussionpaper/dp2001/dp75/text.pdf ）

寺倉憲一「出入国管理制度をめぐる当面の主要課題」（『人口減少社会の外国人問題総合調査報告書』国立国会図書館調査及び立法考査局　2008.1
　　（http://www.ndl.go.jp/jp/data/publication/document/2008/20080108.pdf ）

仲潔（2007）「「現実を覆い隠す「共生」概念―北九州市の外国籍市民に対する言語教育サービスに見る言語観―」『社会言語学』7 号 「社会言語学」刊行会

中川功（2003）「外国人労働者受け入れ論議が照らし出す日本の課題」『大原社会問題研究所雑誌』No.532

ハタノ，リリアン・テルミ（2006）「「新たな到達点」にして「新たな出発点」―梶田孝道・丹野清人・樋口直人『顔の見えない定住化―日系ブラジル人と国家・市場・移民ネットワーク―』を読む―」『ラテンアメリカ研究年報』No.26　pp.141-167
　　（PDF 版 448KB　http://web.kyoto-inet.or.jp/people/ukiuki/book-review001.pdf ）

ハタノ，リリアン・テルミ（2009）『マイノリティの名前はどのように扱われているのか』ひつじ書房

春原憲一郎（編）（2009）『移動労働者とその家族のための言語政策―生活者のための日本語教育』ひつじ書房

樋口直人ほか（2007）『国境を越える―滞日ムスリム移民の社会学』青弓社

日高貢一郎（2005）「医療・福祉と方言」真田真治・庄司博史（編）『事典　日本の多言語社会』岩波書店

久松薫子（2005）「大学図書館のアウトリーチサービス ―外国人利用者サービスの向上に向けて―」『図書の譜：明治大学図書館紀要』10
　　（http://www.lib.meiji.ac.jp/about/publication/toshonofu/hisamatsuO07.pdf ）

福祉労働編集委員会（編）（2009）『季刊福祉労働』（第 123 号 特集：情報保障・コミュニケーション支援）現代書館

法務省入国管理局（1990）『国際人流』1990 年 7 月号　入管協会

ましこ・ひでのり（2002）『日本人という自画像』三元社

ましこ・ひでのり（2002）『ことばの政治社会学』三元社

ましこ・ひでのり（2003）『増補新版　イデオロギーとしての「日本」』三元社

ましこ・ひでのり（編著）（2006）『ことば／権力／差別』三元社

ましこ・ひでのり（2008）『幻想としての人種／民族／国民』三元社

ましこ・ひでのり（2010）『知の政治経済学』三元社

松尾博哉（2005）「外国語医療支援」真田真治・庄司博史（編）『事典　日本の多言語社会』

岩波書店
道村静江(2010)『口で言えれば漢字は書ける！ 盲学校から発信した漢字学習法』小学館
宮島喬・太田晴雄(編)(2005)『外国人の子どもと日本の教育　不就学問題と多文化共生の課題』東京大学出版会
宮台真司(2004)「憲法が憲法として機能するための国民常識とは何か？」『MIYADAI.com.Blog』(2004–02–14)(http://www.miyadai.com/index.php?itemid=80)
安田敏朗(2007)『国語審議会　迷走の60年』講談社
安田敏朗(2009)「書評　野村雅昭『漢字の未来 新版』(三元社、2008)」『社会言語学』9号　「社会言語学」刊行会
山下仁(2009)「日本の読み書き能力の神話―その隠蔽機能の解明と問題解決のための研究について―」『社会言語学』9号　「社会言語学」刊行会
山田泉(2007)「多文化・多言語主義と子どもの発達」田尻英三・田中宏・吉野正・山西優三・山田泉『外国人の定住と日本語教育(増補版)』ひつじ書房
ルビンジャー，R.(2008)『日本人のリテラシー 1600–1900年』柏書房

5　日本語政策史から見た言語政策の問題点

一橋大学　安田敏朗

1　はじめに

　まず、本稿のお題である「日本語政策史」について考えてみたい。そもそも「日本語政策」というものの「歴史」が存在するのだろうか。後述するように、戦前、日本語を「大東亜共栄圏の共通語」たらしめんとしていた時期にあってすら、「日本語政策」という用語はもちろん、そう総称できるような施策は存在しなかった。

　などと書くと話が終わってしまうので、もう少し丁寧な議論のために、「日本語政策」を、日本語内部への政策（調査整理政策）と、日本語外部への政策（普及政策）にわけて考えてみる。さらにそれぞれを第一言語およびそれ以外の話者を対象とするものにわける。もちろんここで、「日本語」とは何か、「第一言語」とは何かを考える必要があるが、本稿では議論しない。そもそも政策とは暴力的なものであるから。

　さて、本稿の展開を考え、「日本語政策」の上位概念に「日本の言語政策」をおき、「日本語政策」のほかに「日本語以外の言語への政策」を設定する。以下のような構成である。

　政策とは理念・政策立案・実施といった層にわけて捉えることが可能であるから、ⅠからⅥの各領域をそれぞれを三層にわけることができる（厳密にいえばさらに細分化可能ではある）。これらの「歴史」が、「日本の言語政策史」となる。

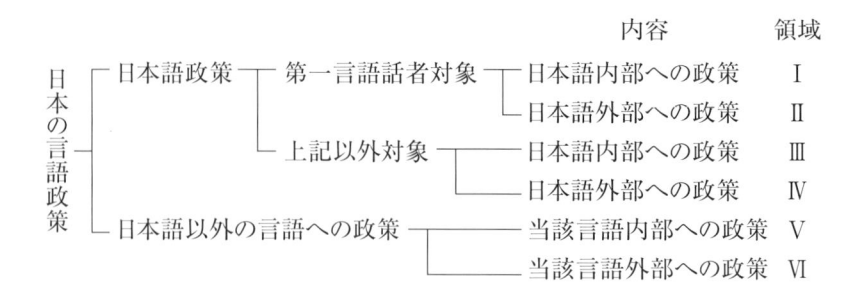

```
                                               内容            領域
         ┌ 日本語政策 ─┬ 第一言語話者対象 ─┬ 日本語内部への政策    Ⅰ
日                   │                └ 日本語外部への政策    Ⅱ
本                   │
の                   └ 上記以外対象 ───┬ 日本語内部への政策    Ⅲ
言                                   └ 日本語外部への政策    Ⅳ
語
政       └ 日本語以外の言語への政策 ──┬ 当該言語内部への政策    Ⅴ
策                                 └ 当該言語外部への政策    Ⅵ
```

2　敗戦までの「日本の言語政策」の展開
――「帝国日本の言語政策」として

2.1　多岐にわたる地域と政策主体

　上の図を「歴史」として考えるには、支配地域(法域)と政策主体の所在を明確にしなければならない。支配地域によって政策主体が異なり、その政策理念も同一ではなかった。そして、概念的にいえば、帝国日本のそれぞれの支配地域(あるいは法域)においてⅠからⅥまでの領域が設定できるはずであるが、地域によって空白の領域が存在した。

　いわゆる内地においては、近代国民国家形成の一要素として言語が捉えられ、統一言語によって均質な国民を教育することがめざされたため、ⅠおよびⅡが「国語政策」と称され、Ⅰでは方言調査、標準語制定、かなづかいや漢字といった表記問題が議論され、Ⅱでは、学校教育や軍隊、法制度の整備といった形での普及がはかられていった。このⅠとⅡに関する理念・立案・実施は、時期や地域などによって変化が生じるものでもあったが、国民統合といった理念が一貫している領域ではあろう。併合した琉球王国やアイヌ民族、そして植民地にした台湾・朝鮮での日本語普及政策はⅣに相当するが、これも「国語政策」と称され、基本的にはⅡ同様の政策であった。

　一方で、1930年代から基礎日本語の試みや基礎語彙調査もなされ、国語審議会にも「国語ノ統制」の諮問が出されるなど、Ⅰの領域での「国語簡易化」の方向が示されるが、それは明確にⅢの領域を意識した施策ではなかった。また、政策立案までは進んだとしても、実施にはいたらない政策も少な

からずあった。反面、軍政下東南アジアでの普及が迫られるようになると、Ⅲにおいて日本語の簡易化が模索される。また、ⅤおよびⅥの領域への政策もなされるが、それ自体がきわめて限定的であった。植民地よりも、「満洲国」や占領下東南アジアでの方がこの領域の政策は比較的なされていた。当然、政策評価はそれぞれの理念・立案・実施への目配りや、相互関係の妥当性の検討からなされねばならない。

　本稿冒頭で、「日本語政策」と呼べるようなものがなかった、と述べたのは、この点にかかわる。たとえば、ⅠとⅡに関しては日本政府の文部省やその関係組織（Ⅰに特化した国語審議会など）が一貫した政策主体であるとみなしてかまわないだろう。そしてⅣ、Ⅴ、Ⅵに関しては、日本政府（琉球・アイヌ）、台湾総督府や朝鮮総督府、あるいは「満洲帝国」政府、南洋庁などであり、東南アジア軍政地域であれば各軍政監部ということになろう。政策主体によっては、ⅤやⅥへの顧慮がなく、ひたすらⅣに邁進していたところもある。これが「帝国日本の言語政策」の構成である[1]。

2.2　調整のない政策主体―国語対策協議会から文部省国語課まで

　問題は、政策主体間の連絡が密ではなく、政策の理念・立案・実施の調整あるいは統合をはかるような組織がなかった点である。もちろん、そうした統合・調整をはかる動きがなかったわけではない。

　この動きとして比較的知られているのは国語対策協議会である。これは1939年6月20日から23日にかけて、日本語教育に関する諸問題を協議するために開催されたもので、朝鮮や台湾、「満洲国」などの関係部署の官僚や国語教育・日本語教育従事者を集めておこなわれた[2]。各地域の政策主体に関連のある組織が一同に会した、とみてよいだろう。

　最終日に文部大臣荒木貞夫宛になされた建議は、「国語ノ調査統一機関設置ノ件／日本語教育連絡機関設置ノ件／日本語指導者養成ノ件／標準日本語辞典編纂ノ件」など六件であった。前二者が示すように、普及すべき日本語と、政策調整とを求めたのである。この結果、文部省図書局に国語課が新設された（1940年11月28日）。さらに、1941年1月20日から23日にかけて開催された第二回国語対策協議会の三項目の希望事項にも「国語ノ整理統一

機関拡充強化ノ件」があげられ、国語課が新設されたことを「洵ニ慶賀ノ至リニ堪ヘズ」としつつも、時局の進展による重要性が増しているので、「宜シク其ノ機構ヲ拡充強化シテ国語ノ調査研究並ビニ整理統一ノ促進ヲ期セラレタシ」とする。また「内外ニ於ケル日本語教育ノ連絡ヲ図ル件」も希望事項となっている。つまり「東亜新秩序建設ノ根基ヲ培フ為ニ喫緊ノ事トナス之ガ為文部省ニ於テ適当ナル連絡機関ヲ設置シ且関係者ヲ外地満洲国及ビ中華民国等ニ派遣セラレタシ」というのである[3]。

　これへの反応と思われるが、1941年2月25日には「国語国字ノ整理統一ニ関スル閣議申合事項」がなされる。そこには、

> 国語・国字ノ調査研究並ビニ整理統一ヲ図ルハ、国民精神ノ作興上又国民教育ノ能率増進上、更ニ東亜ノ共通語トシテ醇正ナル日本語ノ普及上、現下極メテ喫緊ノ事ナリ、故ニ政府ハ之ヲ重要ナル国策トシテ左ノ申合ヲナス
> 一、文部省ニ於テ国語国字ノ調査並ビニ整理統一ヲ促進シ、内閣及ビ各省ハ之ニ協力スルコト
> 一、前項ニ依リ整理統一セラレタル事項ハ閣議ノ決定ヲ経テ内閣及ビ各省速カニ之ヲ実行スルコト

とある[4]。先の図にしたがえば、Ⅰ（「国語・国字ノ調査研究並ビニ整理統一」）のためにⅡ（「国民精神ノ作興」「国民教育ノ能率増進」）とⅣ（「東亜ノ共通語トシテ醇正ナル日本語ノ普及」）がもちだされ、「重要ナル国策」としての政策の速やかな実施をうたったものといえる。ところが、国語審議会が漢字の音仮名（字音仮名遣い）を表音的に表記しようとした答申「新字音仮名遣表」（1942年7月）を、この閣議申合にしたがって閣議にはかるために各省庁の意見をきいたものの実行されることはなかったという[5]ように、強力な影響力をもったものではなかった。

　国語対策協議会で「日本語教育連絡機関」の設置も要望されたが、外務省外郭団体として日本語教育振興会が設立され（のちに文部省外郭団体となる）、雑誌『日本語』、日本語教科書『ハナシコトバ』などを刊行したり、日

本語教師の養成・派遣事業などをおこなった。しかし、政策主体間の調整・政策の調整をする機関ではなかった。

　先にふれた文部省図書局国語課の事務は「国語ノ調査ニ関スルコト　日本語教科用図書ノ編纂ニ関スルコト　国語審議会ニ関スルコト」だったが、1943 年 11 月の文部省官制改正および分課規程の改正により教学局国語課となり、その事務の第二項が「日本語教育用図書ノ編輯其ノ他日本語普及ニ関スルコト」となった。ここでようやく「日本語普及」が文言に加わったのである[6]。「東亜ノ共通語」といった華々しい文言のもとで日本語普及政策の必要性と緊急性が多くの論者によって語られていたにもかかわらず、それをあつかう国の組織が定まっていなかったことがわかる。国語課は国語審議会の事務も担当していたので I と IV の領域を所掌するのだが、実際の陣容は事務をふくめて 22 名で、国語課に勤務していた倉野憲司 (国文学者) は、これでは「日本全体の国語問題の解決とゆうことは、いくらなんでも忸怩たるものがあ」り、「内閣あたりに国語局、あるいは企画院あたりの一部にでもなって、全般的に国語問題を解決して国全体がそれを行う機構になるのが一番正しい行き方である」と述べていた[7]。国語課設置の経緯を考えてみれば、そこでなされるのは政策というよりも「対策」であって、対症療法という印象をぬぐうことができない。つまり、「日本語普及」をしたあと、将来的に何をどうしたいのか、といった長期的な展望がみえてこないのである。また、V と VI の領域、つまり日本語が向きあう他言語の問題は視野になかった。南方軍政に関わる部署でたまさかあっても、「尊重しましょう」といったお題目が唱えられるだけであった[8]。政策の理念・立案・実施というそれぞれの段階をみても、「日本語普及」とは、理念はスローガン化（「日本精神」・「八紘一宇」）し、精緻な政策立案もなされず、やみくもな実施のみが声高に叫ばれつづけていたのである。

2.3　あとづけされる政策理念

　政策理念はあとづけでできる。当時文部省図書局国語課にあって日本語教科書の編纂に携わり、日本語教育振興会常任理事でもあった釘本久春は、「日本語普及史の諸問題」(1943 年) で「日本語普及史」を以下の三期にわけ、そ

れぞれの時期の「日本語教育を推進して来た統一原理」を示している。

（1）台湾が皇土となつてより満洲事変成起に至るまでの期間—皇国民としての化育のための日本語教育。
（2）満洲帝国の成立より支那事変を経て大東亜戦争勃発に至る期間—興亜精神滲透のための日本語教育。
（3）大東亜戦争遂行中の今日及び明日—大東亜民族の団結のための日本語教育[9]。

　釘本は政策側にいた人物である。「大東亜民族の団結」、あるいは「皇国民としての化育」でもよいが、これが理念（「統一原理」）だとしたら、それに応じた政策立案と実施がなされる。しかし、歴史が示すように、こうした理念が実を結ばなかったわけであるから、立案・実施の在り方に、あるいは理念そのものに問題があったと考えるほかはない（「植民地で日本はよいこともした」とするのは理念の問題を考慮に入れていない）。あるいは理念が政策に反映されない場合もある（「東亜協同体論」でも「近代の超克」でもかまわないだろう）。とすれば、政策の理念・立案・実施それぞれについて、あるいは相互間の関係の妥当性について検討し、修正・是正を提起するものが必要になる。この役割を担うのは一般的にいって「知識人」「学識経験者」などと称される人々であろうと思うのだが、この時期にあっては、ほとんど機能しなかった。立案・実施における細かな差異に関する議論はあったものの（たとえば表記の問題など）、理念そのものを問い返すような役割を、担うことはなかったのである。これは今日の問題を考える際にも欠かせない視点である。

　簡単にまとめると、帝国日本の言語政策は、政策主体間の調整が整わず、統一的な政策がとられることなく、対症療法的な政策よりもむしろ対策というものであり、政策理念というよりもスローガンに近いものしか存在していなかった、といえる。

3 敗戦後の「日本の言語政策」の展開

　延々と敗戦までの歴史をみたのは、明確な理念や政策調整を欠いた状態が敗戦後にも継続していることを指摘したいためである。もちろん、表面上は1945年8月の敗戦により、釘本のいう「大東亜民族の団結のための日本語教育」はあえなく消える。それにともない、1943年11月の文部省分課規定にようやく加わった「日本語普及」という文言も、1945年10月15日の分課規程改正で消えていくのではあるが。

　しかし、消えたままというわけではなく、国語課が1947年4月に再設置（課長釘本久春）されたときに出された「国語課の事務分掌に関する件」で国語課普及係の二番目の事務分掌「外国人に対する日本語教育に関すること」として登場する[10]。しかし、かつて一体であった、国語の調査に関する件、および国語審議会に関する件は、国語課普及係ではなく国語課研究係の所轄事項に分離された。時代の変化を物語る。あらためて確認するまでもないが、敗戦によって「日本の言語政策」がおこなわれるべき地域は基本的には単一の政策主体によって管理が可能になった。この点は強調しておきたい。ここで注意したいのは、再設置された国語課の課長が釘本久春という戦前から同様の職責にあった人物だった点である。一部をのぞけば官僚はそのまま温存されたわけであるから、それまでの政策の蓄積や政策への態度も継続することになりがちである。

　そこで、Iの領域についてみれば、敗戦直後は、政策理念としてGHQの影響がないとはいえない「国語民主化」をかかげつつ、政策主体としての文部省が、諮問・建議機関である国語審議会の立案をうけて現代かなづかい、当用漢字表などの政策を実施していくことになる。戦前にはできなかった未完の「国語ノ統制」を果たしたともいえるだろう。これらの「統制」は教科書や政府文書に限定されたものであったが、結果的に新聞・雑誌などの事実上の基準になっていくので、IIの普及の領域をも規定するものとなった。

　国語に関する領域（IとII）については、国語審議会の活動や、その基礎となる学術研究の機関としての国立国語研究所の設置（1948年）が特筆されるものだろう。

この研究所は、参議院議員となった作家山本有三が設置の基礎を国会を通じて作り、あらかじめ研究所の構想案を準備していた文部省（とりわけ国語課長釘本久春）と、言語簡易化をいくばくかでも成し遂げたかったGHQのCI&E（民間情報教育局）言語簡易化担当顧問アブラハム・マイヤー・ハルパーンによって具体化されたとみてよい[11]。

　当初は「国語及び国民の言語生活に関する科学的調査研究を行い、あわせて国語の合理化の確実な基礎を築くため」（設置法第一条）と、国民だけを向いた研究所であったが、1974年に日本語教育部が新設され、のちに日本語教育センターとなる。1984年の文化庁移管を経て1999年に独立行政法人となった際にようやく「外国人に対する日本語教育の振興」が目的として法令に書き込まれていく。

　国立国語研究所だけではなく、国際交流基金や国際日本語普及協会といった組織でも「日本語普及」の諸施策がとられてきたが、基本的にはⅠとⅡの領域、つまりは「国語」として統括できるものに対する施策が中心的な「日本語政策」であり、第一言語以外の話者への政策は、上でみたように必ずしも中心的なものではなく、国際交流といういわば「国策」に対応したものであった。例外的に、1980年代に野元菊雄が提唱した簡約日本語は、日本語を第一言語としない者を対象とした、日本語内部への政策（つまり、Ⅲの領域）であったが、ほとんどキワモノ的あつかいのまま、消えていった。

　国語審議会の場合もⅠとⅡの領域を固守し、ようやく最後の答申のひとつ『国際社会に対応する日本語の在り方』（2000年12月）を出しているにすぎない（諮問は1993年11月の「新しい時代に応じた国語施策の在り方について」）。国語審議会やその後継である文化庁文化審議会国語分科会の歴史を追ってみるとわかるが、漢字制限やかなづかいといったいわゆる国語国字問題をめぐる議論は、一見理念をめぐる対立のようにみえつつも、要は政策の実施の在り方に収斂されるものであり、その理念にしても、近年では伝統に回帰しようとする「国語倫理化」の傾向が強く、理念を検討せよという批判への反応もない[12]。

　つまりは、国民統合の手段としての強化をはかる理念のもとでの政策が実施されているのである。常用漢字の字数を増やすという最近の文化審議会国

語分科会での議論は、完全にIの領域に閉じこもったものでしかない。

　要するに、敗戦後の「日本の言語政策」とは「日本語政策」それも日本語を第一言語とする者に特化したものであって、若干「外国人に対する日本語教育」が実施されていたにすぎない。先の図でいえば、IとII、そしてIVの領域ばかりであって、IIIそしてV、VIの領域、つまり日本語を第一言語としない人たちの話す日本語やその人たちの第一言語への政策はほとんど念頭になかった、とまとめられる。

4　多言語社会を前提とした「日本の言語政策」

4.1　政策理念としての多言語社会

　本稿の流れからすると、冒頭の図のIからVIまでの領域を密接に連関させながら統一した政策理念のもとでこの領域を統括するような言語政策機関の設置が現在求められている、ということになるのだろう（先の倉野憲司のことばを流用すれば「内閣に言語政策局」をということになろうか）。これが無難な結論であり、提言になるのだろうが、私はそれほど呑気ではない。本節はこの点に関わる。

　むろん、こうした主張が生じうる背景は現に存在している。これは本書刊行の前提でもあるだろうが、日本語を第一言語としない人びとが日本に居住するようになってきつつある状況、つまりは多言語社会となりつつある現状がある。IIIそしてV、VIの領域の出番であるのだが、ここまでみてきたように、「日本の言語政策」の歴史におけるこの領域の蓄積は皆無といってよく、日本語教育に相当するIVの領域も十分とはいえない。一方でIとIIは国民統合を強化する方向に走っており、たとえば「やさしい日本語」[13]といった試み（IIIの領域）と連動することはなく（そもそも「やさしい日本語」という表現自体に深い断絶を感じるのだが[14]）、多様な日本語の在り方への言及もおざなりである（たとえば、文化審議会答申『これからの時代に求められる国語力について』（2004年2月）での言及[15]）。本書のほかの章で現状がさまざまに語られるであろうからここでは述べないが、結局は、かつてのように「対策」しか講じることはできず、政策主体は多様に存在していても、政

策主体間の調整をする機関も、ありそうでない(あるいは政治状況に左右されて軽視されがち)という状況に陥っているのである[16]。これまでの議論を踏まえれば、状況にみあった、かつ長期的な展望のある政策理念が根本に据えられていく必要がある、ということになるだろう。その際に重要になってくるのは、政策理念の形成に関わる、多言語社会をどう捉えるか、という問題である。多言語社会の捉え方で政策の在り方も当然変わってくる。本書では政策提言も求められているのだが、具体的な政策立案・実施への提言よりもまず、政策理念そのものが検討されなければならない。そもそも以下にみていくように主流を占めつつある政策理念がはたして妥当なものなのか、私はきわめて懐疑的である。そうである以上、呑気に「言語政策局を」などとはいえないのだ。

　何が問題かといえば、学界や政策立案レベルもふくめて、多言語社会を新しい問題かのように捉える傾向である。このことへの疑義はことあるごとに述べてはいるのだが、つまりは、多言語性のない社会などなく、それをだれがどう捉えるか、という多言語性認識こそが問題なのである。新しい問題としてみる立場は、これまで存在してきた多言語性に気づかないか、あえて無視して議論をしている。それは「単一民族・単一言語国家日本」を前提としたものであり、帝国日本という歴史やその結果として存在しているマイノリティの問題、先住民族、少数民族、そしてその言語、また手話という言語の存在を捨象して、「単一民族・単一言語国家日本」が、異言語・異文化の人たちをあらたに「受け入れる」といった認識である[17]。たとえば、『多言語社会がやってきた』という本は、「様々な民族が日本に移住してきて、急速に多言語社会になりつつある」という認識を示し、「そのことから、言語に関して数多くの問題が生じてきて」いるが、この問題は、「私たちが21世紀を生き抜いていくためには取り組まなければならない問題」なのだと述べる[18]。ここで示される観点は、安定した「単一民族・単一言語国家日本」に「外部」から撹乱要素が入ってきた、だから対応しなければならない、というものである。こうした観点からは、多言語社会の担い手は労働力として捉えられるのが常であり、景気が悪くなれば「去っていく」存在としてしか捉えられない。

4.2 「移民国家」論と同化主義

　こうした「対応」をより「スマート」にしようというのが、「移民国家」論である。たとえば、『移民国家ニッポン』という本がある[19]。入管業務に携わっていた坂中英徳と、移民政策史が専門の浅川晃広によるものだが、ここでは、受け入れ選択基準として、専門知識、日本語能力そして若さ、を提案している。この本の基調は、日本人の人口が減少してそれに歯止めがかからないから、という消極的理由から、厳しく選抜された外国人を移民として受け入れよう、というものである。逆にいえば、人口が減少しなければ、移民を受け入れる必要などないわけであり、また、「若さ」「専門知識」「日本語能力」すべてが揃っていないと移民として「受け入れ」てはならないという主張である。しかし、よく考えるまでもなく、日本国家の繁栄を都合よく手助けしてくれる、優秀で能力のある人しか受け入れないという、一見開放的ではあるがきわめて排他的な能力主義思想（すでになされている出入国管理と在留管理制度の強化は、この前提）のもとでの立論である。

　この議論は、政策レベルでもなされている。自由民主党外国人材交流推進議員連盟というものがあるらしい。ここが、自由民主党が与党であった2008年6月20日に出した報告書『人材開国！　日本型移民国家への道―報告書』は、50年間で人口の10％にあたる1,000万人規模の移民を受け入れることを骨子としている（留学生30万人計画〔2013年まで〕、100万人計画〔2025年まで〕という計画もふくまれている）。これを紹介した春原憲一郎によれば、この提言には「新国家主義と新自由主義の奇妙な融合」がみられるという。つまりそこには

> 「幸い日本には、移民が快適に暮らすことができる制度、精神風土、環境が整っている」「日本社会には『人の和』や『寛容の心』を重んじる精神的基盤がある」「多様な価値観や存在を受け入れる『寛容』の遺伝子を脈々と受け継いできた日本人は、世界のどの民族も成功していない『多様な民族との共生社会』を実現する潜在能力を持っている」「この『癒しの島』には理想の移住地としての条件が備わっている」。[20]

という、リゾート地宣伝文句まがいの文言がちりばめられているらしい。なお、田尻英三氏のご好意により、この報告書の直前の 2008 年 6 月 12 日付の『人材開国！　日本型移民政策の提言—世界の若者が移住したいと憧れる国の構築に向けて』(中間とりまとめ)をみることができた。春原の引用する上記の文言は、このなかの「Ⅰ　政策の理念」のなかに散りばめられている文言であった。そこでは「政策の理念」は二点に集約されており、「移民立国で日本の活性化を図る」こと、「日本文明の底力を活かす」こととなっている。「Ⅱ　日本型移民政策の骨格」のなかで提起される具体的な政策のなかには、難民受け入れの促進(しかしなぜか「当面、年間 1000 人」となっている)など、移民政策とは関係なく当然実行すべきことがらも含まれている。政策理念が根拠のないナショナリズムに満ち満ちているのであるから、具体的な施策の立案・実施にもその影響があらわれないとはいいきれないだろう。根拠のないナショナリズムをかきたてたところで何の解決にもならない。「日本人」は何も変わる必要がないというのだから、これを理念とする政策は同化主義的なもの以外にはありえない。

4.3　「共生社会」と日本語

　ここで注意したいのは、「受け入れ」のためには一定程度の日本語能力があることが当然の前提として求められていることである。それは単純労働ではなく技能労働であるからで、たとえば『移民国家ニッポン』では、「中長期的な日本社会の一員として受け入れなければならない」から「日本社会の習慣の理解や、日本語能力はやはり必要である」という[21]。わからないでもない。しかし、「日本社会の一員」として当然、といった論法は一歩まちがえれば同化主義となる。ここにあるのは、「単一言語国家日本」の円滑な運営への志向だけである。ほかにも、2006 年 3 月の総務省「多文化共生推進プログラム』の提言」や、2006 年 12 月に政府経済財政諮問会議に提出された「『生活者としての外国人』に関する総合的対応策」など、今後外国人をどう政策的にあつかっていくかを考える場合にも、一定の日本語能力があることが前提となっている。ついには、2008 年 5 月 1 日に「日本に長期滞在する外国人の入国、在留の条件に日本語能力を反映させる」という方針で

あった外務省が、「一定の日本語能力がある外国人の在留期間を現行の3年から最長で5年に延ばす」ことを示した。「優遇策により、長期在留希望者の日本語学習熱が高まる効果を狙う。少子化が進むなかで、高い知識や技能を持つ外国人の受け入れが進んでいくことへの期待もある」という。「能力が低いことを理由に従来より門戸を狭めることはしない」という[22]が、日本語ができた方が制度的に有利だという「餌」をぶらさげたわけである。その後の展開は不明であるが、日本語が不十分であっても幸福に生活できるような社会をつくろうという視点はここにはない。このことは、司法通訳・法廷通訳制度が被疑者・被告の権利を十分に守るには改善の余地が多々ある現状とも関連があろう。さらに法務省は「新たな出入国管理政策として、専門知識や技術を持つ外国人に資格や年収に応じた点数をつけ、高得点者を入国や永住許可で優遇する「ポイント制」を導入する方針を固めた」という[23]。これは先にみた「移民国家」論での選別の思想と同一であり、これを理念とした政策の行く末は目にみえている。

　こうした管理しやすい多言語社会をつくっていこうという風潮は、非・主流言語社会を周縁化しないように「共生社会」をつくろう、という主張にも通底しているように思われる。この場合の「共生」も、主流言語社会を軸とした調和ある統合である。隷属であれ調和であれ、社会は統合されていなければならない、ということになるが、となれば「共生」は「矯正」にも「強制」にもなるのではないか。「キョウセイ」の結果残るのは、均整のとれた多様性、つまりは日本にとって都合のよいように語られる「多文化」である。

5　おわりに

　捉え方はともあれ、多言語社会への認識はあきらかに高まっている。そのなかで、社会から切断されない外国人コミュニティーの在り方の模索、実践もなされてきている[24]。排外的な論調は論外だが、そうした論調を生む点も含めて変わるべきは日本社会であることは確かである。「外部」からの刺激によるところがあるにせよ、そしてどう受け入れるかという議論が同化主義と紙一重のところにあっても、多言語性のない社会はないという前提を当然

のこととして考え、日本社会が歴史的にもつ多言語性をも踏まえた議論がなされることを期待したい。即効的な「対策」こそが求められてしまうにせよ、めざすべき社会の在り方、あるいは政策理念についての議論をじっくりとおこなうことが肝要なのではないだろうか。

注

1 本稿での用語は用いていないものの、詳細な議論は安田敏朗『帝国日本の言語編制』世織書房、1997年を参照。
2 議事録は、『国語対策協議会議事録』文部省、1939年（復刻は『「満洲・満洲国」教育資料集成』第10巻、エムティ出版、1993年）。
3 「文部省図書局主催第二回国語対策協議会昭和十六年（参考資料関係雑件 第九巻）」、外務省外交資料館、レファレンスコード B05016093800（アジア歴史資料センター）。のこりの一点は「日本語教授者養成ノ件」。
4 『国語調査沿革資料』文部省教科書局国語課、1949年、195-196頁。
5 『国語施策沿革資料1 仮名遣い資料集（諸案集成）』文化庁、1980年、153頁。
6 前掲『国語調査沿革資料』、21-22頁。
7 倉野憲司「国語問題の解決と国語課の仕事」『国語運動』6巻3号、1942年3月、14頁。
8 詳細は、前掲安田（1997）、第4部参照。
9 釘本久春「日本語普及史の諸問題」『日本諸学研究報告（第十篇国語学）』文部省教学局、1943年、278頁（のちに、釘本『戦争と日本語』瀧文書局、1944年に収める）。
10 前掲『国語調査沿革資料』、28-29頁。
11 「〈座談会〉国語研究所創立の頃」『言語生活』267号、1973年12月。
12 詳細は、安田敏朗『国語審議会―迷走の60年』講談社、2007年。
13 「やさしい日本語」は弘前大学人文学部社会言語学研究室が提唱し、さまざまなとりくみをおこなってきている。http://human.cc.hirosaki-u.ac.jp/kokugo/index.html
14 現在、行政で用いられている「やさしい日本語」は、現場では外国語のひとつとして取り扱われる傾向があることが指摘されている（佐藤和之「生活者としての外国人へ災害情報を伝えるとき―多言語か「やさしい日本語」か」『日本語学』（特集 多言語社会・ニッポン）27巻6号、2009年5月臨時増刊号）。
15 この答申にいたる経緯と批判は、安田敏朗『統合原理としての国語―近代日本言語史再考Ⅲ』三元社、2006年の序章を参照。
16 たとえば、田尻英三（編）『日本語教育政策ウォッチ2008―定住化する外国人施策

をめぐって』ひつじ書房、2008 年などを参照。
17 本稿の以下の議論は、安田敏朗「「多言語社会」という幻想」多言語化現象研究会 10 周年記念大会シンポジウム「多言語化する日本社会─理想と現実」(2009 年 6 月 20 日、国立民族学博物館) での報告の一部と重なる部分がある。
18 河原俊昭「はじめに」、x 頁、河原俊昭・山本忠行 (編)『多言語社会がやってきた─世界の言語政策 Q&A』くろしお出版、2004 年。
19 坂中英徳・浅川晃広『移民国家ニッポン─1000 万人の移民が日本を救う』日本加除出版、2007 年。
20 春原憲一郎 (編)『移動労働者とその家族のための言語政策─生活者のための日本語教育』ひつじ書房、2009 年、33–34 頁。この報告書への批判は、たとえば移民労働者と連帯する全国ネットワーク (編)『多民族・多文化共生社会のこれから─NGO からの政策提言〈2009 改訂版〉』現代人文社・大学図書、2009 年、13–17 頁を参照。現在の法制度上の問題点が丁寧に整理されている。
21 前掲坂中・浅川 (2007)、79–80 頁。
22 「日本語能力で在留延長」『朝日新聞』2008 年 5 月 1 日付夕刊。
23 「入国外国人に点数制」『朝日新聞』2010 年 1 月 20 日付朝刊。
24 たとえば、吉富志津代『多文化共生社会と外国人コミュニティーの力─ゲットー化しない自助組織は存在するか』現代人文社、2008 年などを参照。

参考文献 (注でふれたもの以外)
佐藤文明 (2009)『在日「外国人」読本 [三訂増補版]─ボーダーレス社会の基礎知識』緑風出版
竹沢尚一郎 (2010)『社会とは何か─システムからプロセスへ』(中公新書) 中央公論新社
安田敏朗 (2006)『「国語」の近代史─帝国日本と国語学者たち』(中公新書) 中央公論新社

6　日本語学習権保障と法制化

法政大学　山田　泉

1　「外国人」と暮らす社会

　2008年夏のリーマンショック以来、日本でもより一層不況の波が高まっています。高校生や大学生の新卒採用が激減し、働き口がないまま卒業という若者がかなりの割合に上るとマスコミなどでも報じられています。しかし、雇用情勢の悪化の影響をさらに強く受けているのが外国人労働者だといわれます。これらの多くは非正規雇用として雇われ、派遣切りや雇い止めが続出しています。ハローワークに行っても、これまで片言の日本語しか身に付けていない多くの人々は、「まず、日本語ができるようになって、それから、来てください」と言われているといいます。そしてその子どもたちは、母国に由来する外国人学校の学費が払えず、かといって日本の公教育の学校では日本語の問題等があり、いずれの学校にも行っていない「不就学」の状態になってしまう者も少なくないといわれます。これらニューカマーと呼ばれる外国人の数が増える中、日本はこれらの人たちとともに暮らす社会をどう作ろうとしているのでしょうか。

　時代を遡ってみると、日本には第二次世界大戦前および戦中から植民地に由来した外地戸籍日本人（植民地出身者）が生活していました。それが1945年の敗戦によって多くは帰郷（国）しましたが、もはや生活の基盤が郷里にはないなどの理由により日本に留まった者が60万人程度いました[1]。また、一度郷里に帰ってさまざまな理由で戻ってきた者もいます。

戦後は、日本がアメリカの委任統治下にあったため、アメリカ軍関係者が在留したのをはじめとして、新たな日本在住外国人[2]として、中国の内戦とその後の政治体制の変化によって中国から来た宣教師、戦争賠償による東南アジアからの研修生、留学生などがありました。さらに 60 年代以降の高度経済成長期に入ると外国人ビジネスマンも増えていきました。こうして、戦後の日本社会で暮らす外国人は次第に増えていきました。

ところが、1980 年代に入って、ベトナム戦争終結によるベトナム、ラオス、カンボジアからの「難民」[3]といわれる人々、続いて旧満州である中国東北部等から「中国帰国者」[4]およびその家族が来日・帰国してきました。これらの人たちは、戦後これまでに在住していた人々の多くとは、在留状況面で少し違った性格を持っていました。つまり、「難民」や「中国帰国者」は、一般の日本人と変わらず生活の基盤を日本に移した「移民」[5]であり、その上日本国籍の有無にかかわらずそのほとんどが日本語や日本文化には馴染みのない人々でした。そこでこれらの人たちを対象とした日本語教育は、「生活日本語」として教えられました。

その後、日本はバブル経済期に入り産業界での人手不足が深刻になりました。1989 年には入管法（入国管理及び難民認定法）の一部が改定され、翌 90 年に施行されました。これにより、日系人二世は「日本人の配偶者等」、三世は「定住」といういずれも活動制限のない、つまり就労が可能な資格で在住することができるようにしました[6]。この人たちも「難民」や「中国帰国者」と同じく、「移民」だということができます。ところがこれらの人々に対しては、「難民」や「中国帰国者」の一部にはなされた（／なされている）公的機関による日本語教育が、今日に至るまでほとんどなされてきませんでした。

スイスの作家マックス・フリッシュが、「労働者を呼んだはずが、来たのは人間だった」といったことは有名ですが、自国内の移住労働者に対する人権の保護と社会サービスの保障が必要なことはどの国でも変わりがありません。しかし、このことに対して日本政府の姿勢は次の労働省職業安定局（当時）が設置した「外国人労働者が労働面等に及ぼす影響等に関する研究会専門部会」による報告書（労働省職業安定局（編）1992: 5）に現れています。

外国人労働者の雇用に伴うコストを日系人労働者について試算してみ
　ると、同種の作業に従事する日本人労働者より低い。しかし、日系人の
　社会保険加入率が低いこと、住宅に関する費用の負担、日本語研修、安
　全衛生等に関する特別な措置等を実施している使用者が少ないことか
　ら、これらの費用をすべて支払った場合の日系人労働者の1人1カ月当
　たり労働コストは、日本人の場合に比して高くなる。
　　こうした日系人について、企業が十分な雇用・生活管理面の援助を行
　えば、日本語講座等地方自治体の負担するコストを抑制する効果がある
　と考えられる。
　　……
　　今後、外国人労働者が増加した場合に、国や地方自治体の負担する社
　会的コストが増大すると考えられる。また、企業における雇用管理の改
　善や生活面の援助を促進し、外国人労働者の就労と生活に伴う様々な社
　会的コストが生じないようにすることが必要である。

　ここには、移住労働者の地域社会における生活者としての面で必要な「社
会的コスト」を、企業における労働者としての面を強調することで、企業に
押しつける姿勢がはっきりと見て取れます。まさにこれらの人々が「労働
者」であっても「人間」であるとは認めようとしていないのがわかるでしょ
う。そして、この報告書が、企業に対して指導的立場にある当時の労働省に
よってまとめられているということは、注目に価します。つまり、その後
20年近く、ここで期待されているような、企業の努力はまったくといって
よいほどなされてこなかったからです。行政からの呼びかけを無視し続ける
企業等に対して、行政は打つ手がないということがわかるのです。外国人か
らは労働力という恩恵を受けておきながら、社会保障からは切り離し、それ
による「つけ」はすべて当事者である外国人に回して、この国の行政も企業
も国民も知らん顔をしているわけです。
　このことだけを見ても、外国人移住者の「人間」を守るためには、個人や
企業、地域社会、政府等の意識が変容し、改善に向けて努力することを期待
しても叶わないことがわかります。何らかの法的措置による介入が必要だと

いえるのではないでしょうか。

2　現在の「移民政策」へのわたしの立場

　ここで、最近語られることが多くなった「移民受け入れ」の議論について、わたしの立場を一言付け加えておきたいと思います。

　わたしは、「日本社会で、少子高齢化がこのまま進んでいくと、2055 年には生産年齢人口の 1.3 人が高齢者一人を担うことになる。どうしても外国から労働者や日本人の配偶者となる女性を受け入れなければならない」とする意見には反対です。少子高齢化は国内問題です。そのような社会を作ってきたのはわたしたちこの国の主権者である「国民（日本国籍者）」です。この国の政策から生じた問題を「移民受け入れ」という形で解決しようとするのは、一国民国家の主権者として恥ずべきことでしょう。

　しかし、一方で個人は、国境などに関係なくどこを自己実現の場と定めてもよいと思います。日本にその自己実現の場を移し生活している人々に対し、国籍にかかわらず、地域社会の隣人として、あるいは学校や職場の仲間として、日本人と対等・平等な資格と待遇が公的に保障されるべきと考えます。その下で社会に対する義務も日本人と同様しっかりと果たしてもらうことが必要だと考えます。

3　社会参加と言語

　もう 20 年も前のことですが、わたしが出張でアメリカに行ったときのことです。カウンターパートのアメリカ人と初対面の挨拶をして、「英語を話すのが上手ではなくてすみません」とその言葉どおりの英語で言ったときです。「わたしは日本語ができません。すみません。あなたが英語ができてわたしはラッキーです」と言うのです。英語国民は世界中の人は英語ができて当たり前と思っているということを多くの知人から聞かされていたし、わたし自身そのような体験もしていたので感動したことを覚えています。

　しかし、最近になってこのとき「感動」したわたし自身がいかに差別的

だったかということに気が付きました。そのときのアメリカ人は本心から日本語ができないことを謝っていたのだとわかったからです。彼は、自分と相手の母語が違っていて、相手に対し自分の母語を媒介語として使わせるということがいかに傲慢なことか理解していたと思います。逆にわたしはそのことを理解していなかったのです。言い換えると、わたしは「言語的力関係を無条件で受け入れていた」のです。だから「感動」したのだと思います。

そのことは、日本の地域社会で自己実現の過程を歩んでいる外国人たちの日本語学習にかかわっていく中で、わたしにも少しずつ理解されてきたように思います。

第二言語を学ぶということの負担がどれほど大きいかは言わずもがなですが、学んだ言葉を使うことでネイティブとの間に厳然と力関係が生まれること、さらには学ぶ過程で「自分」が解体され別の存在に作り直されることなど、多くのリスクが含まれているのです。次は、フィリピン人で日本人と結婚し子育てをしているリサ・ゴウの言葉です（リサ・ゴウ、チョン・ヨンへ1999: 58）。

> 私たちのアイデンティティーを消滅させることなく、私たちを日本人に改造しようとするのではなく、日本語を学べるような場が必要なのです。

外国人の社会参加を日本人と対等・平等なものに近づけようとするならば、言語に関する事柄では、次の4点が大切だと考えます。

- その社会のすべての構成員（メンバー）の母語で社会サービスが受けられること
- すべての構成員（メンバー）の母語が子・孫と継承される社会であること
- その社会の主要言語の学習・習得をすべての構成員（メンバー）に保障すること
- その社会の主流派も含めすべての構成員（メンバー）を対象に多文化教育を行うこと

現状では、これらは「努力目標」に止まることは仕方がないといえるかもしれませんが、この四つを並行して少しでもその方向に近づける努力を弛まず続けていく必要があります。拙稿ではそれを前提に、三つ目の「主要言語の学習・習得をすべての構成員に保障する」ための法整備の必要性について述べます。

4　年少者への対応

　法整備の必要性については、主に成人の日本語学習・習得保障について述べますが、同様に、あるいはそれ以上に子どもに対して上で指摘した4点の対応が必要であることはいうまでもありません。そのことを詳しく述べたいのですが、紙幅の関係で一つだけ指摘して、本題に移りたいと思います。詳しくは、別に述べてあるのでそちら（山田 2007: 160–161）を参照ください。

　上の4点を実現するためには、日本が締約国となっている国際人権規約（社会権規約）をはじめさまざまな国際人権条約が明記する、すべての人の「教育を受ける権利」に照らして、文部科学省が、日本社会にあっては国籍のいかんにかかわらずすべての子どもが義務教育対象者であることを認めるべきです。その下で一刻も早く外国人の子どもの適性に応じた制度を整備し、システムを構築していってほしいと考えます。冒頭でも触れましたが、外国人の子どもの中にはいずれの学校にも行っていなくて、ほとんど教育が受けられない状態に置かれている者も少なくないのです。子どもの知的発達を進めるためには適切な時期に適切な教育が受けられなければなりません。その機会を奪うことは、子どもに対する社会の暴力であり、それは子どもに対し取り返しのつかない影響を残してしまいます。

　1994年に日本も締約国になっている子どもの権利条約第28条1(a)で「初等教育は義務的なものとし、すべての者に対して無償のものとする」とあり、同(b)で「種々の形態の中等教育（一般教育及び職業教育を含む。）の発展を奨励し、すべての児童に対し、これらの中等教育が利用可能であり、かつ、これらを利用する機会が与えられるものとし、たとえば無償教育の導入、必要な場合における財政的援助の提供のような適切な措置をとる」とあ

ります。

　さらには、朝鮮総連も、日本が義務教育にすることによって民族教育の自由が奪われるとし、義務教育化に反対していますが、同法第29条2で「この条文は前条のいかなる規定も、個人及び団体が教育機関を設置し及び管理する自由を妨げるものと解してはならない。ただし、常に、1に定める原則が遵守されること及び当該教育機関において行われる教育が国によって定められる最低限の基準に適合することを条件とする」とあり、それはまったくの杞憂なのです。

　むしろ、文部科学省が義務教育ではないとしている理由は、義務教育とすることによって、日本人の障害者等、義務教育であるほかのマイノリティーに対してのように、一般の子どもと同様な教育ではなく、それぞれに応じて発達を担保する適切な教育にしなければならなくなるからというものではないでしょうか。文部科学省がその費用と手間をおしんでいるからだと思われても仕方がないのではないでしょうか。外国人の子どもを義務教育としていないのは「先進国」といわれるOECD加盟31か国（2010年4月30日時点）中、トルコは確認がとれていませんが、唯一日本だけかもしれません。日本（人）がいかに外国人の人権意識に関して、後進的であるかが知られるところです。日本は、批准している国際法を遵守し、外国人の子どもも義務教育とすべきです。

5　法制化を求める活動

　上では、労働者や日本人の配偶者等の移民に対して日本語学習をはじめとする「人間」として必要な公的社会保障がほとんどなされていないことについて述べてきました。本項では、日本社会の主要言語である日本語の学習・習得を保障するために法律を整備することの必要性とそのために行われてきた取組について述べたいと思います。

　日本語学習保障が公的にほとんど行われない中、1990年前後から、日本各地で地域住民ボランティアによる外国人住民等に対する日本語学習支援が立ち上がってきました。ボランティアの多くは日本語教育については素人の

一般住民だったので、ほとんどの活動現場が手探りで、毎回が試行錯誤の連続といったものでした。その後、徐々に現場同士で活動のノウハウを交換したり、学習者のニーズにより合った教室を紹介し合うなどネットワーク化する地域ができてきました。中でも1993年11月に東京日本語ボランティアネットワークが設立され、これに呼応した形で、全国に大小のネットワークができていきました。

　ところが、一方でボランティア教室の限界も指摘されるようになりました。それは多くの教室が毎週1回1時間30分から2時間の活動で、日本語教育の専門家ではないボランティアが対応するものであり、日々の学習者の生活ニーズに直結した日本語習得支援は難しいというものです。もちろん、それぞれの場で日本人と外国人が出会い互いに相手と知り合い、学び合う意義は大きいことは理解されていますが、大多数の学習者が「人間」として生きるために必要な日本語の学習を、公的教育がなされないので、その質と量を求めてボランティア教室に来ているのです。このことから、ボランティア側から当然のこととして、日本語学習の公的保障を求める声がより強く、高くなっていきました。そのような中で、全国のネットワークをつなげるインターネットワークの動きが出てきました。それらの声を受け止めたのが、1995年から毎年1回、任意団体日本語・識字問題研究会によって開催されてきた「日本語フォーラム」です。はじめは東京都内のネットワーク関係者が中心となって運営してきましたが、他府県で活動している人たちも加わり、大学の社会教育、日本語教育関係教員や外国人当事者も参加し、公的保障を求めるための提言をまとめる活動になっていきました。そして、1999年後半からそのためのフォーラム開催の準備をはじめ、2000年春から「宣言」にまとめる活動を開始しました。宣言起草委員会を組織し、起草したものをもとにフォーラムで議論し、その結果を受けてさらに修正し、追加すべき事柄を起草するという取組を数回続け、2001年5月に、約70人の関係者によって「多文化・多言語社会の実現とそのための教育に対する公的保障を目指す東京宣言」(略称「東京宣言」)として採択されました。また同年9月には、宣言の内容を実現するために「行動計画」を策定し、フォーラム参加者によって修正の上、承認されました(日本語フォーラム全国ネットホーム

ページ参照)。その後、2003年3月、神戸において、「行動計画」の進捗状況を検証しつつその実現に向けて「東京宣言」と「行動計画」を広く社会に周知することを目的として「日本語フォーラム全国ネット」が設立され、現在まで毎年各地でフォーラムを開催するなど活動を続けてきました。

この「行動計画」の「2. 日本語学習に対する公的保障」の長期目標(2010年度をめどにしている)の一つとして以下のように記載しています。

> 多文化・多言語社会の実現の一環として仮称「日本語学習振興法」を制定し、この法に従い国と地方自治体が連携し、すべての外国人学習者に対して適切な内容、水準、方法での日本語教育が提供できる体制を整備する。その一環として、関係機関が適切な日本語学習を支援するための調査研究、専門家養成、情報提供等を推進する。

この仮称「日本語学習振興法」の法案作成を目指して日本語フォーラム全国ネット運営委員会の中に法案検討部会を設置し検討を続けてきましたが、メンバーに法律の専門家がいないなど問題もあり、案は提示されたものの承認には至っていませんでした。

6　法案とその概要

そのような中2007年度、会員の一人がその所属大学の法律の専門家と協働で文部科学省の科学研究費補助金(萌芽的研究)を得て「ニューカマーに対する日本語保障法案の創出をめぐる言語教育学・公法学的研究」(研究代表者：新矢麻紀子大阪産業大学准教授)を本人を含め日本語フォーラム全国ネットのメンバー5人が加わり組織しました。そして2009年3月、「日本語教育保障法案」(新矢・佐藤他 2009)をまとめ、5月に冊子として発行し、関係者からの意見を収集しています。法案は、4章、10条からなっています。以下、その概要を示します。

第1章　総則
　第1条（本法の目的）
　　日本語教育の公的保障の基本理念、基本事項を示して、日本が、国民的民族的出自にかかわらず、その構成員にとって対等・平等な多文化共生社会となることに寄与することを目的とするとしています。
　第2条（定義）
　　3項からなり、それぞれの項を「多文化共生」「日本語教育」「国際人権に関する諸文書」の一つずつの用語解説に当てています。
　第3条（本法の解釈基準並びに基本理念）
　　4項からなり、教育が多文化共生の実現に資するものであること、希望するすべての人の学習権が確保されること、憲法の基本理念に反した特定の思想内容を押しつけられないこと、子どもへの必要な日本語教育がなされること等を求めています。
第2章　基本方針及び基本計画
　第4条（基本方針）
　　4項からなり、1では国が基本方針を定めること、2では基本方針で定める項目を、(1) 日本語教育振興等の基本的な事項、(2) 振興を図るための施策に関する事項、(3) 学習者の状況の周知、啓発に関する事項、(4) 振興に資する調査研究に関する事項、(5) 施策実施上配慮すべき重要事項の五つとしています。また、3では国が基本方針の策定・変更をするときの手順を規定し、4では国が基本方針の策定・変更をしたときの公表方法を規定しています。
　第5条（基本計画）
　　4項からなり、1では関係都道府県が基本計画を策定すること、2ではその基本計画で定める項目を、(1) 日本語教育振興等の基本的な事項、(2) 振興を図るための施策の実施内容に関する事項、(3) 学習者の状況の周知、啓発の実施内容に関する事項、(4) その他施策実施上配慮すべき重要事項の四つとしています。また、3では都道府県が基本計画を策定・変更をするときの手順を規定し、4では国が関係都道府県に対して助言、勧告、情報提供を行う努力をすべきとしています。

第 3 章　国、地方公共団体並びに事業者の責務
　第 6 条（地域社会における日本語教育にかかる責務）
　　2 項からなり、1 では国と地方公共団体が日本語学習機会を保障すること、2 では国と地方公共団体が地域社会における日本語教育従事者の雇用安定の制度整備、充実を図ることとしています。
　第 7 条（子どもの日本語教育にかかる責務）
　　2 項からなり、1 では国と地方公共団体は、保育所から高等学校まで子どもたちに日本語学習の機会を保障すること、2 ではそのための日本語教育従事者の雇用安定に資する制度整備、充実を図ることとしています。
　第 8 条（雇用関係等における日本語教育にかかる責務）
　　2 項からなり、1 では国と地方公共団体は、雇用関係にある就労者に対する日本語学習の機会を保障すること、2 では日本語を母語としない者を雇用した事業者に対し日本語教育の制度整備とその充実を求めています。
　第 9 条（実施機関・専門研究機関の整備）
　　2 項からなり、1 では国と地方公共団体は、日本語教育の実施体制を整備すること、2 では国と地方公共団体が前項の専門研究をする機関の整備、充実をするとしています。
第 4 章　雑則
　第 10 条（本法の実施にかかる法整備）
　　3 項からなり、1 では本法を実施するために 5 年以内に調査をし、10 年以内に関連の法整備をすること、2 では本法を多言語で周知すること、3 では本法の実施に必要な制度は別に法律で定めるとしていて、最後に本法の施行期日を示しています。

7　関係の国際法と諸外国の状況

　1979 年日本も締約国となっている「経済的、社会的及び文化的権利に関する国際規約」（国際人権規約（A 規約））の第 13 条には「締約国は、教育が、

すべての者に対し、自由な社会に効果的に参加すること…を可能にすべきことに同意する」とあります。「自由な社会」とは日本社会もその一つと考えられます。「効果的に参加する」ということは、それぞれの人が本来持っている能力を最大限に発揮できることが必要不可欠です。そのために日本社会の主要言語である日本語の運用が障がいになるとしたら、締約国（日本）は教育によってその障がいを除去する義務を負っていると解釈できます。

　ヨーロッパをはじめとした諸外国でも社会統合を目指し、移民に対して主要言語の学習を保障、あるいは義務化しています。いち早く国家づくりの基本理念として多文化主義を採ったカナダやオーストラリアではすでに1970年代から統合政策としての言語政策が行われています。

　韓国でも2007年に在韓外国人処遇基本法が制定、施行され、この基本法のもとで2008年国際結婚家族のために多文化家族支援法などをはじめとした法整備と個々の施策の充実が図られています[7]。韓国語学習については、全国に100箇所以上のセンターを設け、そこに来られない人には、そこから専門講師を派遣するという方法を採っているのです。

　日本では、2007年7月に文化審議会国語分科会に日本語教育小委員会が置かれ国や自治体が担うべき役割を提言しましたが、2010年5月現在、専門家の養成はもちろん、実態調査さえ予算措置がなされず、実現していません。このようにまったくといっていいほど公的保障がされない中、在留資格更新時に日本語力評価をすることの検討が進められているとの報道があります[8]。たとえば、家族の中で日本語が不自由な父親だけ更新不許可で国に帰されるというようなことが起こらないともかぎらないのです。まったく時代錯誤としかいいようがありません。

　このようなことがあるので、法律の整備は不可欠といえます。日本語教育学会でも2009年8月、日本語教育振興法法制化ワーキンググループが発足しました。日本でも日本語学習の公的保障に向けた法制化と制度整備、システム構築が急がれます。

8 法律に盛り込むべき内容

　上の6節で一つの法律の試案を示しましたが、最後に、近い将来制定されることが期待される実際の法案に盛り込む基本的な内容についてわたし自身の希望を述べておきたいと思います。それらが基本法に盛り込まれるか、関連法か、あるいは条例等かは問いません。法律の専門家に適切に判断していただきたいと思います。

　まずはじめに指摘したいことは法の理念ですが、日本も多文化主義を国家の基本理念とすることを決断し、その下で真の「多文化共生」社会の実現を目指すことを表明することです。真の「多文化共生」社会とは一言で言うと、国籍や在留資格にかかわらず、日本で暮らすすべての人々がその社会参加について、資格において「対等」で、待遇において「平等」であることが公的に保障される社会です。たとえば日本語を母語とする子どもが日本語で学校教育が受けられるなら、ほかの子どもも希望すればその子どもの母語で教育が受けられる社会に国をあげて一歩一歩近づける努力をしていくというものです。

　その下に、(1) 多文化・多言語対応の社会を構築していくこと、(2) 成人の日本語学習権を公的に保障すること、(3) 子どもに対しては義務教育および後期中等教育の中で個々人の条件に適切に対応した教育を提供しその中に各人に適合した日本語教育を位置づけること、(4) 日本語母語話者が日本語学習者と日本語でコミュニケーションをするに当たって必要な正しく易しい日本語運用能力を身に付けることを含めた「多文化教育」[9]を学校教育および社会教育によって公的に行うこと、以上の4点を盛り込むことを求めます。

　しかし、これら以外に一つだけいまだ判断がつきかねていることがあります。それは、成人の日本語学習を「権利」とするか、「義務」とするかです。権利とした場合、いくら公的保障といっても可能な範囲の教育は提供するが実際にそれを利用するかしないかは本人の意志によるとされ、学習条件や学習環境の整備がおざなりになる可能性があります。一方「義務」とすると、何らかの条件によって学習が困難であるばあいは、その条件を改善し、実効ある教育が受けられるようにする公的責任が生じますが、その一方で3節で

指摘したような同化の強制という面がどうしても残ると思われます。ドイツやフランスのような「義務」的面が強い国とイギリスやカナダのような「権利」的面が強い国と双方の実践から学び、第三の方法も含め日本の事情に合ったものを作ることが必要と考えます。

いずれにしても、日本語学習権といったことが考慮されず、日本語学習の公的保障がほとんどなされない現状を早急に改めるために、法律の制定が強く求められていることだけは確かです。その声が高まり、この国がそれを決断することを切に期待します。

注

1 田中 (2007: 48) によります。
2 ここでは、「外国人」という言葉を定義しないまま、「いわゆる外国人」とでもいうべき言葉として使っています。
3 ベトナム、ラオス、カンボジアからの「難民」といわれる人々は、現在日本に1万人を超えて在住しているとされていますが、難民認定されている人はほとんどなく、まず「定住」の在留資格が与えられました。難民条約締約国の日本は、「難民」と認定して受け入れるのであれば、日本国籍者に近い待遇を与える必要がありますが、「定住」だと、1年以上の懲役等になると退去強制処分になることもあり得るといわれます。
4 いわゆる「中国残留孤児」や「中国残留婦人」といわれる人々やその家族です。後にロシアサハリンからの「サハリン帰国者」も加わりました。
5 国際移住機関 (IOM) のホームページ <http://www.iomjapan.org/news/press_207.cfm> では、次のように言っています (2010.04.30)。

> IOM では、移住を「国内移動を含め、自発的に他の居住地に移動すること」と定義しています。ところが、実は国際的に合意された「移民」の定義はまだありません。
> 最も引用されている定義は国連統計委員会への国連事務総長報告書 (1997年) に記載されているもので、それによると「移民」とは「通常の居住地以外の国に移動し、少なくとも12ヶ月間当該国に居住する人のこと (長期の移民)」を言います。広義には、留学生や海外に長期赴任されている方、長期旅行者も「移民」です。

6　日系人二世では、日本国籍所持者も含まれ、これらの人は当然就労は可能です。日本では立前としては外国人の単純労働への就労を認めていません。ですから、いわゆる「就労ビザ」というものが存在しません。そこで「活動制限のない」（就労可能な）身分で、在留資格を付与しています。
7　2009年11月に行った韓国保健福祉家族部への聞き取り調査では、多文化教育の制度化と外国人差別禁止に向けた法整備を検討中ということでした。
8　朝日新聞（2006.05.31）に「法務省が試案　日本語力たりないと在留日系人資格再考も」という記事が載っています。
9　多文化教育については、平沢（1994）、ソニア（2009）を参照ください。

引用文献等

新矢麻紀子・佐藤潤一（編）（2009）『日本語教育保障法案』日本語教育保障法研究会
田中宏（2007）「在日外国人の概況とその教育—日本語教育の周辺」田尻英三・田中宏・吉野正三・山西優二・山田泉『外国人定住と日本語教育　増補版』35–72　ひつじ書房
日本語フォーラム全国ネットHP　http://homepage3.nifty.com/N-forum/index.html
山田泉（2007）「多文化多言語主義と子どもの発達」田尻英三・田中宏・吉野正三・山西優二・山田泉『外国人定住と日本語教育　増補版』129–167　ひつじ書房
リサ・ゴウ、チョン・ヨンヘ（1999）『私という旅—ジェンダーとレイシズムを超えて—』青土社
労働省職業安定局（編）（1992）『外国人労働者の受入れの現状と社会的費用』労務行政研究所

参考文献等

河原俊昭（編著）（2004）『自治体の言語サービス—多言語社会の扉をひらく』春風社
河原俊昭・山本忠行（編）（2004）『多言語社会がやってきた　世界の言語政策Q&A』くろしお出版
真田信治・庄司博史（編）（2005）『事典　日本の多言語社会』岩波書店
ソニア・ニエト（2009）（太田晴雄監訳）『アメリカの多文化教育の理論と実践—多様性の肯定へ』明石書店
平沢安政（1994）『アメリカの多文化教育に学ぶ』（オピニオン叢書14）　明治図書出版
矢野泉（2007）『多文化共生と生涯学習』明石書店
山田泉（2010）「生涯学習としての日本語教育」異文化間教育学会『異文化間教育』31: 33–46　アカデミア出版会
山田泉（2008）「外国人への「言語保障」」『月刊言語』37(2): 76–83　大修館書店

7 国語教育における「国語力」の捉え方

筑波大学　甲斐雄一郎

1 国語科の課題

1.1 学習指導要領改訂の流れ

　国語教育の在り方を規定する学習指導要領は、小・中学校においてみるならば「試案」とされた1947年、1951年の二次を経て、おおむね10年ごとの改訂を経て今日に至っている。以下に示すのはそれぞれの告示の年と国語科の内容構成である。

　　第三次　1958年　聞くこと、話すこと、読むこと、書くこと、ことばに関する事項
　　第四次　1968年　（中学校は翌年）　同上。ただし「ことばに関する事項」は、聞くこと。話すこと、読むこと、書くことに含まれる。
　　第五次　1977年　表現、理解、言語事項
　　第六次　1989年　同上
　　第七次　1998年　話すこと・聞くこと、書くこと、読むこと、言語事項
　　第八次　2008年　同上。ただし、言語事項に代わり「伝統的な言語文化と国語の特質に関する事項」。

現在の国語教育界の課題は 2008 年 3 月に告示された第八次学習指導要領の実施に向けたものとなっている。そしてこれまでの学習指導要領改訂の流れを前提とするならば、今後の実施状況をふまえたうえで約 10 年後の 2018 年前後に第九次の学習指導要領が成立するということになる。この小論の目的は、第九次学習指導要領が規定することになるはずの国語科の教科内容を構成する論理の一端を描出することにある。

　国語科の目標は、たとえば第五次の小学校国語科では次のように記されている。

　　国語を正確に理解し表現する能力を養うとともに、国語に対する関心を深め、言語感覚を養い、国語を尊重する態度を育てる。

　一方、第八次の小学校国語科の目標は次に示す第七次の規定をそのまま引き継いでいる。

　　国語を適切に表現し正確に理解する能力を育成し、伝え合う力を高めるとともに、思考力や想像力及び言語感覚を養い、国語に対する関心を深め国語を尊重する態度を育てる。

　このように、約 30 年を隔てて表現と理解の能力を養う、という点においては一貫しているようにみえる。しかし後述するように、表現と理解の能力の規定の仕方において両者の間には懸隔がある。そしてそれがこれから 10 年の間の学校教育を通して国語教育が選択を迫られる選択肢の一つの典型なのである。

1.2　第八次学習指導要領における固有の課題

　第八次学習指導要領の改訂の経緯については、公刊されるとともに文科省の下記 HP 上で公開されている学習指導要領の「解説」によって、その一端を知ることができる。

　　http://www.mext.go.jp/a_menu/shotou/new-cs/youryou/index.htm

その構成は、学校種・教科によって若干の相違はあるものの、第1章「総説」第1項、「改訂の経緯」についてはすべての学校種・教科において共通している。

　学習指導要領は文部科学大臣による教育課程の基準全体の見直しの要請に基づいた、中央教育審議会の答申に基づいて作成される。第八次の場合は2008年1月の「幼稚園、小学校、中学校、高等学校及び特別支援学校の学習指導要領等の改善について」であった。見直し要請の背景としてあげられたのは、「知識基盤社会化やグローバル化」、そして「生きる力」をキーワードとする時代認識と2000年以降、3年ごとに実施されてきたOECD（経済協力開発機構）のPISA調査などの結果の二点であった。

　とくにPISAが文部科学行政に影響を与えた点に第八次学習指導要領の特徴がある。2000年に初めて実施されたPISAは読解力に関する初めての国際比較の機会となったために、この時以降国語科はその直接的な影響下にあった。とくに2003年調査の結果が公になってからは「ショック」として受け止められるようになったといっても過言ではない。2000年調査において参加国中第8位だった日本は、2003年では第14位にまで下がり、得点も24点下がっている。このようにまで大幅に順位・得点が後退した国は他になかったのである（国立教育政策研究所（編）2004）。

　PISAを実施したのは経済に関わる機関であったし、国家横断的な調査であるために、出題内容には日本の学習内容とは異なるものもみられた。また調査方法についての議論がとくに起こったわけではない。しかし文科省による「読解力向上プログラム」（2005年）は、PISAの内容と日本の国語教育政策との整合性について「読解の知識や技能を実生活の様々な面で直面する課題においてどの程度活用できるかを評価することを目的としており、これは現行学習指導要領がねらいとしている『生きる力』『確かな学力』と同じ方向性にある」と述べて認めるとともに、PISAの反省をプログラム策定の根拠として記している（http://www.mext.go.jp/a_menu/shotou/gakuryoku/siryo/05122201/014/005.htm）。

　このように、PISAは日本の文部科学行政に直接的な影響を与えているのであり、第八次学習指導要領はその洗礼を最初に浴びた、という点でこれま

でとは異なる固有の課題を担ったものということができるだろう。

1.3　循環する課題

　PISA ではいわゆる読解力を次のように定義している (国立教育政策研究所 (編) 2002)。

> 自らの目標を達成し、自らの知識と可能性を発達させ、効果的に社会に参加するために、書かれたテキストを理解し、利用し、熟考する能力

　文科省「読解力向上プログラム」(前掲) はこれを PISA 型「読解力」と呼び、その向上に向けて我が国の国語科を中心とした学校教育において、次に示す「3 つの重点目標」に沿って授業改善に取り組むことを求めている。

① テキストを理解・評価しながら読む力を高める取組の充実
② テキストに基づいて自分の考えを書く力を高める取組の充実
③ 様々な文章や資料を読む機会や、自分の意見を述べたり書いたりする機会の充実

　これら①から③までについては、それぞれの実現にむけた方策が具体的に記されている。たとえば目標の①を実現するための方策は次の三つに整理できる。

（1）テキストの内容や筆者の意図などを「解釈」すること。
（2）テキストについて、内容、形式や表現、信頼性や客観性引用や数値の正確性、論理的な思考の確かさなどを「理解・評価」したり、自分の知識や経験と関連付けて建設的に批判したりするような読みを充実すること。
（3）なんのためにそのテキストを読むのか、読むことによってどういうことを目指すのかといった目的を明確にした指導をすること。

しかしこれらの指導事項については第四次（68年（小）・69年（中））の学習指導要領にすでに見出すことができるのである。

(1)については、用いられた「解釈」という語の理解のしかたによって分かれるかもしれないが、たとえば以下の第四次の指導事項が類似したものとして指摘できる。

・事象の記述と書き手の感想や意見などとを判別して読むこと。（小6(1)）
・文章の主題や要旨をとらえ、それについて自分の考えをもつこと。（中3(1)）
・作者の意図が表現の上にどのように生かされているかを読み取ること。（同上）

(2)について類似したものとして指摘できるのは中学校第三学年「内容の取り扱い」中、読むことの指導事項に関連して配慮することとされた、以下の事項である。

・文章の内容をよく読み取って適切な批判ができるようになること。

(3)に類似していると判断されるものは以下の通りである。

・書いてあることの要点を抜き出したり全体を要約したりし、また、読む目的にそって必要な事項を読みとるようにすること。（小6(1)）
・調べるために読み、結論をまとめて課題の解決に役だたせること。（小6(3)）
・どんな本がよいかを見分け、目的に応じて適切な本を選ぶこと。（同上）

重点目標の②、③、及びその実現のための指導事項についてもこの時の学習指導要領に類似の記載を見出すことができるのである。すなわち新しい時代の固有の課題を担ったと思われる国語科の内容に関しても、実際には約40年前の課題が再登場しているのである。

一方、中央教育審議会答申では「基礎的・基本的な知識・技能を活用して課題を探究することのできる国語の能力を身に付けることに資するよう、実生活の様々な場面における言語活動を具体的に内容に示す」ことを国語科の改善の基本方針としてあげている。活動することそのこと自体をも国語科の内容とし、国語力とする捉え方である。「効果的に社会に参加する」とする定義を踏まえたものとみることもできるだろう。しかしそれは次節で述べるように、第三次学習指導要領で採用した方針への回帰である。

　これからの日本の学校教育を取り巻く 10 年間の諸状況がこれまでとは相当異なるものになるであろうことはたやすく想像できることである。しかしその一方で、教育上の課題における循環に着目するならば、第九次の学習指導要領は過去の現在の国語科の枠組みに回帰する可能性もあるのである。そこで、以下、過去の学習指導要領を通覧して、ありうる選択肢を指摘することにする。

2　教育内容構成の類型

2.1　内容構成の在り方と指定授業時数の有無

　学習指導要領では国語科の授業時数のうち、読むことの学習指導にあてる授業時数を規定したことはない。授業が原則として教科書に基づいて行われる以上、読むことが国語科の授業の中心になるために、ことさらにその授業時数を明示する必要はないとする判断であると考えられる。その一方で書くこと(作文)、毛筆書写については小学校では第四次以降、中学校では第三次学習指導要領以降、授業時数の目安を一貫して明示している。それに対して話すこと・聞くこと(音声言語)の授業時数の示し方については、小・中学校間、また各次学習指導要領間において、その方針は一貫していない。小学校については第七次に初めて授業数が指定されるようになっており、その方針は第八次まで継続している。中学校については第三・四次において明示されているのに対し、第五・六次に規程はなく、第七・八次において再び明示されるようになっている。ただし規程のない第五・六次のうち、第六次においては小・中学校ともに音声言語の指導について、文字言語の指導との関連を

はかることに加えて「意図的、計画的に指導する機会」を設けることを指示している。

　特徴的なのは第五次である。この時の小学校学習指導要領科編における「指導計画の作成と各学年にわたる内容の取扱い」では、A（表現）のうちの書くこと（作文、書写）、B（理解）のうちの読むことに関しては、それぞれ具体的な配慮事項に関する言及がある。それに対し、話すこと・聞くこと（音声言語）に関しての言及はない。このことはとくに第五次における話すこと・聞くことの領域に関する後退を印象づけるのである。

2.2　言語活動例の有無

　第三次以降の学習指導要領では国語科において言語活動を位置づけている。そして中央教育審議会の答申にみられたように、第七次学習指導要領において「内容の取り扱い」に明示されていた言語活動は、第八次ではさらに具体的に提示されるとともに、話すこと・聞くこと、書くこと、読むことの内容に位置づけられることになった。たとえば小学校高学年の話すこと・聞くことについてみるならば、以下の三項目があげられている。

　　ア　資料を提示しながら説明や報告をしたり、それらを聞いて助言や提案をしたりすること。
　　イ　調べたことやまとめたことについて、討論などをすること。
　　ウ　事物や人物を推薦したり、それを聞いたりすること。

すでに述べたように、第三次学習指導要領においても言語活動例は内容中のそれぞれの領域ごとに位置づけられていた。第6学年の聞くこと、話すことについては以下のように示されている。

　　ア　話合いや会議に参加する。
　　イ　説明をする。
　　ウ　報告をする。
　　エ　発表をする。

オ　朗読をする。（他に「放送を聞く」「劇などをする」「校内放送をする」など）

　第五次・第六次においても「指導計画の作成と各学年にわたる内容の取扱い」において、「学年の発達段階に応じた適切な言語活動を選」ぶこと、また「それらを組み合わせて学習活動を組織する」ことは指示されている。しかしこの二次にわたる学習指導要領のみ、具体的な言語活動の例を示しておらず、領域としての話すこと・聞くことの場合と同様、その位置づけ方が相当後退したことを印象づける。

3　他教科と国語科

3.1　森岡提言（1967）

　前節の検討を通して、とくに第五次学習指導要領の国語科に関する規定の特徴として指摘したことは、話すこと・聞くことに関わる授業時数の規定がないこと、言語活動例を提示していないことの２点である。もちろんこうした特徴が直接的に第五次学習指導要領において、これらを不要だと見なしていたという指標となるわけではない。しかしこれらの特徴を他の学習指導要領における在り方と対比することによって、われわれは国語科の教科内容を決定する観点を考えるきっかけが得られるように思われる。

　第五次学習指導要領にこのような特徴をもたらした根拠を限定することは困難であるが、その一つとして森岡健二が第四次学習指導要領告示の前年、1967年に展開した「言語教育の本質と目的（母国語教育の立場から）」に代表される国語力観の転換が指摘できる（西尾実・石橋幸太郎（監修）『言語教育学叢書第一期１　言語教育の本質と目的』文化評論出版、所収）。森岡は国語学の諸問題について広範囲にわたる業績を持つ研究者であるが、ここでは第三次・第四次学習指導要領作成者の立場からの議論として取り上げるのである。

　森岡は国語科の内容を次の二層から成るものとして示している。

（1）、論理的思考力、推理力、認識力、感受性、批判力を文書に即して育てるための、材料を把握する技能、論理的に構成を押える技能、段落に分割し整理する技能。
（2）、(1)の土台となる、言語に関する技能としての構文に関する能力、文法力および語彙力、文字力、表記力。

結果として第四次学習指導要領には、国語科の目標の一つに「国語による伝達の役割を自覚して、社会生活を高める能力と態度を養う」というコミュニケーションに関わる内容が含まれていた。しかし森岡が示す二層構造にそれは含まれない。この立場からはコミュニケーションに関わる話すこと・聞くことは、国語科の中心的な内容からは遠ざけられることになる。森岡によるならば、話すこと・聞くこととは「もともと話し手と聞き手がコミュニケートする対人的行動であり、二人以上の人間によって構成される社会的場面なくして実現されない」、すなわち「対人的行動」の指導は具体的な場面への適応の仕方が中心になるにもかかわらず、そうした場面を用意できない国語科の時間において「理くつだけ教えても全く意味がないし」、「お芝居的な言語練習」で生活習慣となるまで指導を徹底させるのは「能率が上がらないばかりか不可能」でさえあるとされるのである。森岡はコミュニケーションの学習指導を等閑に付しているわけではない。しかしそれは学校教育全体、たとえば他教科はもとより特別活動や道徳の時間にも行われるべきことであって、国語の時間の中心は読むことと書くことの学習指導とするべきだ、と主張したのである。

3.2 文化審議会答申（2004）

コミュニケーションに関わる能力を国語の力から切り離して考える考え方として、学習指導要領に深く関係する立場からの議論は、森岡の後、37年を隔てて再度表れることとなった。2004年の文化審議会の答申である。これは文部科学大臣の諮問「これからの時代に求められる国語力について」（2002年2月）に対応したものである (http://www.mext.go.jp/b_menu/shingi/bunka/toushin/04020301.htm)。

文化審議会の答申は2004年の2月に行われた。それによれば「これからの時代に求められる国語力」は、以下の二つの領域からなるとされている（第Ⅰ部「第2 これからの時代に求められる国語力」2 国語力を構成する能力等）。

① 考える力、感じる力、想像する力、表す力から成る、言語を中心とした情報を処理・操作する領域
② 考える力や、表す力などを支え、その基盤となる「国語の知識」や「教養・価値観・感性等」の領域

　これらのうち①については「国語力の中核」とされ、②は①の諸能力の「基盤」とされている。②の内容をなす「国語の知識」の具体的な例としてあげられているのは語彙、表記に関する知識、文法に関する知識、文章の組み立て方などの内容構成に関する知識、言葉遣いや文体・修辞法等の表現に関する知識、ことわざや慣用句の意味等、その他の国語にかかわる知識などである。そして、国語科の指導の重点について「読む・書く」の重要性を次のように強調している（第Ⅱ部「第1 国語力を身に付けるための国語教育の在り方」2 学校における国語教育）。

　　小学校段階では、「聞く」「話す」「読む」「書く」のうち、「読む」「書く」が確実に身に付くようにしていくことが大切である。これは、いわゆる「読み・書き」の徹底を図ることが重要であること、情緒力を身に付けるには「読む」ことが基本になること、論理的思考力の育成は「書く」ことが中心になると考えられることによる。今以上に、「読む・書く」の定着を図ることが重要である。

学校教育全体の時間には上限があるのは自明なことであるので「今以上に、『読む・書く』の定着を図ることが重要」とする主張は、国語科における話すこと・聞くことに関する指導が相対的に手薄になることを認めることと同義である。もちろんそれがそのまま話すこと・聞くことの学習指導の軽視に

直結するわけではない。この答申では話すこと・聞くことについては「国語科だけでなく、すべての教科で一層意識的に行っていく」ことによって国語科では「『読む』『書く』に重点を置くことができ」る、とその見通しを述べている。

3.3 第 10 期国語審議会建議（1972）から言語力育成協力者会議報告書案（2007）まで

このように 2004 年の文化審議会の答申には、国語力の捉え方、国語科における重点の置き方、話すこと・聞くことの学習指導の扱いの三点について森岡の議論の構図との類似が指摘できる。とくに注目すべきは他の諸教科との関連の在り方についての提言である。

国語の教育について、国語科の時間のみならず他の諸教科をはじめとする学校教育、そして社会教育や家庭教育などを通じて、適切な方策が総合的に講ぜられる必要については、1972 年の「国語の教育の振興について（建議）」（第 10 期国語審議会）において指摘されていた。同建議の「学校教育に関する事項」の筆頭には、「国語科はもとより、各教科その他の教育活動全体の中で、適切で効果的な国語の教育が十分に行われるよう、教育内容の充実，教育方法の改善などを図る必要がある」とされているのである（http://www.bunka.go.jp/kokugo/frame.asp?tm=20100509233439）。

第八次学習指導要領改訂の過程における検討委員会の一つとして、2006 年から 2 年間にわたって「言語力育成協力者会議」が開催されている。その第 8 回会議（2007 年 8 月 16 日）の資料とされる「言語力育成に関する整理用一覧表（修正案：反映版）」もまた、国語科の役割として「各教科の基盤となる言語に関する基礎的な知識・技能・能力の形成（言語運用法に関する指導の充実）」をあげ、「論理的思考力の育成にかかわる教科等」「感性・情緒、他者とのコミュニケーションの力の育成にかかわる教科等」ではそれぞれの教科等固有の表現形式の習得と活用に加えて、「国語科で形成された知識・技能・能力を活用する活動」が求められている（http://www.mext.go.jp/b_menu/shingi/chousa/shotou/036/shiryo/07081717/004.htm、http://www.mext.go.jp/b_menu/shingi/chousa/shotou/036/shiryo/07081717/003/001.htm）。

4　国語科の選択

4.1　国語科における二つの立場

　ここまでの議論で明らかになったように、国語科には二つの立場が存在する。それは「言語」教育を重視する立場と「言語生活」教育を重視する立場ということができる。

　「言語」教育を重視する国語教育とは、森岡健二や文化審議会の答申の定義にみられたような、教科内容を「言語を中心とした情報を処理・操作する領域」と「『国語の知識』や『教養・価値観・感性等』の領域」とから成るとする内容に焦点化し、他教科および日常生活での言語活動は国語科で身につけたはずの技能を実践し、発展させる場と考える立場である。「言語生活」教育を重視する立場とは、国語力を生活上の意味ある活動を通して習得され、また発現するものと考える立場であり、「言語」教育を重視する国語教育の内容に加えて言語行動力、合意形成力など、コミュニケーションを遂行する技能まで含めて教科内容として位置づける。そのため可能な限り実際のコミュニケーション場面を国語科の時間に用意しようとし、また学校内外のさまざまな機会を生かして教育内容を組織することを試みようとする。両者の差は多様な言語活動例を教科内に用意するか否か、具体的なコミュニケーション場面を必要とする話すこと・聞くことを重視するか否かということに表れてくる。そしてこの差が小論の冒頭で述べたように、目標としての表現と理解の能力の規定の仕方における懸隔の根拠なのである。

4.2　今後の課題

　では、今後10年を経て、国語科はどちらの側を選択することになるのか。
　日本の子どもたちについて「読解力向上プログラム」が指摘するPISA調査における「自由記述（論述）」問題に対する突出した無答（白紙回答）率、「言語力育成協力者会議」が指摘する「人間関係にかかわる問題」などを前提とするならば、生活上の面からも言語行動力、合意形成力までも含んだ教科内容が不可欠であるようにみえる。そしてそれは「言語生活」教育を重視する第八次学習指導要領を推進する立場であると同時に、いわゆるPISA型「読

解力」が求める「効果的に社会に参加する」ことにもつながるだろう。

　しかしその理想の実現にはいくつかの困難がある。ここでは二つのみを指摘する。

　一つは授業時数の問題である。小学校6年生を例にとるならば、「国語の教育の振興について」が建議された第四次学習指導要領下と「言語力育成協力者会議」の提案を生かすはずの第八次学習指導要領下とでは、総授業時数は105時間、国語科では70時間の減少である。週五日制や総合的な学習の時間等を継続するのであれば、今後これ以上の時間数の増加は見込めないはずである。このためたとえば小学校高学年の言語活動例としてあげられた「資料を提示しながら説明や報告をしたり、それらを聞いて助言や提案をしたりすること」という活動を遂行しようとしても、説明や報告、助言や提案という活動を保証する時間と、そのような活動の前提となる「資料」作成のための指導に関わる時間の両方の確保には相当の制約があることになる。

表1　第四次～第八次学習指導要領における年間国語科の授業時数／総授業時数

	小1	小2	小3	小4	小5	小6	中1	中2	中3
第四次 1968・69	238 ／816	315 ／875	280 ／945	280 ／1015	245 ／1085	245 ／1085	175 ／1190	175 ／1190	175 ／1155
第五次 1977	272 ／850	280 ／910	280 ／980	280 ／1015	210 ／1015	210 ／1015	175 ／1050	140 ／1050	140 ／1050
第六次 1989	306 ／850	315 ／910	280 ／980	280 ／1015	210 ／1015	210 ／1015	175 ／1050	140 ／1050	140 ／1050
第七次 1998	272 ／782	280 ／840	235 ／910	235 ／945	180 ／945	175 ／945	140 ／980	105 ／980	105 ／980
第八次 2008	306 ／850	315 ／910	245 ／945	245 ／980	175 ／980	175 ／980	140 ／1015	140 ／1015	105 ／1015

　もう一つの問題は教育社会学を専門とする本田由紀の指摘に導かれる知見である(本田2005)。本田は「近代社会」において要請された「近代型能力」と、「ポスト近代社会」において要請される「ポスト近代型能力」を対比する。前者の特徴をなすのは基礎学力、標準性、知識量、知的操作の速度、協調性、同質性などであり、後者の特徴をなすのが文部科学行政のキーワードともいえる「生きる力」をはじめ、多様性・新奇性、意欲、創造性、ネット

ワーク形成力、交渉力などである。本田は「近代型能力」は「努力」によって向上できる部分が大きかったと考えられるのに対し、「ポスト近代型能力」については「どうすればそれを手に入れられるのか、誰にもはっきりとはわかっていない」としたうえで、家庭環境の要素に左右される可能性を示唆している(序章)。「言語生活」教育を重視する立場とは「ポスト近代型能力」を求める立場でもある。これまでの学校教育においてこの立場が全面的には成果を挙げえなかった理由の一端は、先の本田の議論を前提とするならば理解される。

　ここであげた二つの課題に無反省のまま第八次の方針に掉さすのであれば、先人たちが経験した隘路に逢着し、第九次学習指導要領は第五次の方針に回帰する可能性が高くなる。しかしなお国語科において「言語生活」教育を重視する立場を継続する必要が合意されるのであるならば、両者それぞれについての対処が不可欠になる。前者については教育課程の再構成を見通して「言語力の育成方策について(報告書案)【修正案・反映版】」に記された「教科等を横断した指導の充実の考え方」をさらに具体化すると同時に、他教科等から国語科に還元されるはずの教育内容にまで目配りする必要がある。後者についてはまだ「ポスト近代型能力」というネーミングによってその課題が見えてきた段階であるが、この立場における説得的な蓄積は少なくないはずであるので、国語科において「それを手に入れられる」ようにするための理論化の可能性を探究することが今後の課題となるだろう。

参考文献
国立教育政策研究所(編)(2002)『生きるための知識と技能・OECD 生徒の学習到達度調査(PISA)2000 年調査結果報告書』ぎょうせい
国立教育政策研究所(編)(2004)『生きるための知識と技能 2・OECD 生徒の学習到達度調査(PISA)2003 年調査結果報告書』ぎょうせい
本田由紀(2005)『多元化する「能力」と日本社会―ハイパー・メリトクラシー化のなかで』NTT 出版

8 日本の英語教育政策の理念と課題
――一貫した英語教育体制の構築を目指して――

上智大学　吉田研作

1　はじめに

　近年、外国語教育（特に英語教育）が色々な意味で話題になることが多い。小学校外国語活動の必修化から高等学校の新学習指導要領に見られる英語による授業の問題など、世間的にもさまざまな議論を呼んでいる。本稿では、現代における外国語教育（特に英語）の在り方について考えるが、その前に、学習指導要領の変遷を中心に、明治以来の日本の外国語教育政策がどのようなことを強調していたかについて見てみることにする。

　日本の外国語教育政策は、明治の開国をきっかけに少しずつ形作られていったと言ってよいだろう。それ以前にも、中国語やポルトガル語やオランダ語の学習は見られたが、明治34年に制定された「中学校令施行規則」で初めて外国語教育というものが正式に規定された。また、外国語としては、当初の英独仏以外にも1930年代に入ると、中国語（支那語）が加わり、太平洋戦争中は、マレー語が加えられた。これを見る限り、少なくとも学校教育上は、戦争中といえども、外国語教育が完全に排除されたわけではないことがわかるだろう（伊村2003）。

　そこで、本稿では、日本における英語教育政策について、特に21世紀に入ってからの動きを中心に考えることとする。

2　日本人の英語力

　良く言われることだが、国家政策としての言語政策と教育政策としての言語教育政策は同じものではない (Spolsky 2004; Tollefson 2002)。たとえば、2000 年に発表された「21 世紀日本の構想懇談会」の報告書[1]を見ると次のような内容が書かれている。このままでは、日本という「閉ざされたシステム」は空洞化し、疲弊していくだろう、今必要なのは、日本人が「グローバル・リテラシー」(国際対話能力) を身につけることであり、そのためには英語教育を改革しなければならない。そして、もしその改革がうまくいかなければ、長期的には英語を第二公用語とすることも視野に入れる必要が出てくるかもしれない。もちろん、その前には国民的論議が必要となる。しかし、まずは、英語を国民の実用語とするために全力を尽くさなければならないという。つまり、この報告書を見ると、日本人がグローバル・リテラシーに欠けているために、国際社会の中で十分その役割を果たせていないことが強調されていること、そして、グローバル・リテラシーを身につけるためには、どうしても、外国語(とくに英語)を使って世界の人たちとコミュニケーションができるだけの力をつけなければならない、ということである。

　さて、日本人の英語力については、今まで色々なことが言われてきた。いつも引き合いに出されるのが TOEFL の点数である。TOEFL という特殊な目的のために作られたテストの結果に基づいて日本人の英語力を云々することには色々批判があるが、少なくとも、世界の他の国の人と比べることにより、日本人の英語力について考えることは悪いことではない。2005 年に新たに出来たインターネットを使った TOEFL (iBT TOEFL)[2] では、従来と違って、speaking, listening, reading および writing の 4 技能が測定されるが、2009 年度のデータを見ると、アジア 30 カ国中総合点で下から 2 番目 (120 点中 67 点)、特にスピーキング力に関しては 30 点中 16 点で、一番低い点数になっている (ETS 2010)。アジアだけでなく、世界約 140 カ国の人の中でも、スピーキング力は下から 10 位以内、という低さである。

　TOEFL は、あくまでも英語圏の高等教育機関で研究をしたり勉強をするだけの英語力があるかどうかを測るテストで、必ずしも一般の日本人に

求められている英語力を測定しているわけではない。そこで、今から30年前に、日本人が提唱し、アメリカのテスト開発機関であるETSに依頼してTOEICという新しいテストが開発された[3]。このテストの目的は、国際的なビジネス等の状況で英語でコミュニケーションできるだけの英語力がどれだけあるかを測定するもので、当初は、ほとんど日本人しか受けていなかった。しかし、徐々に国際的に広がるにつれ、TOEFL同様、日本人の英語力の低さが目立つ結果となった。2005年に発表された国際比較データを見ると、日本人の平均点は、世界でも、もっとも低い点数の一つなのである（ETS 2006）。

　もちろんテストの結果だけでは本当のことはわからない、という批判があるが、2006年にベネッセが、小学校に子どもが通っている保護者4718人に対して、小学校英語についての意識調査を行った結果（ベネッセ2007）[4]を見ると、やはり同じような結果が見られたのである。その調査の中で、回答者自身の英語に対する意識について聞いてみた。その結果、70％以上の保護者は小学校英語導入に賛成していながら、自らは、55％があまり英語が好きではなく、90％は使う自信がなく、55％は今までに英語で苦労した経験を持っていることがわかった。しかし、英語教育の携わっている者にとって最もショッキングな結果は、80％の保護者が学校で習った英語が「役に立たなかった」と答えていることである。これは、TOEFLやTOEICの結果に見られる現象が、英語のテストなど受験しようと思っていない一般の日本人の英語に対する自信の無さをも反映していると言えるだろう。しかも、この保護者は自らが小学校の時は英語をやっていなかっただろうから、中学校から始まった英語教育に不満を持っており、逆に、だからこそ（？）自分の子どもには小学校から英語を学ばせたい、と思っているのだろう。

　このように、日本人は一般的に英語に対して自信がなく、強い苦手意識を持っていることがわかる。21世紀日本の構想懇談会の報告書で述べられている通り、このままでは、日本人、また日本自体が今後の国際社会の中で十分な貢献をしていくことが益々難しくなると言えるだろう。

3 言語政策から外国語(英語)教育政策へ

　上記「21世紀日本の構想懇談会」の報告書で述べられていることは、言わば、日本という国の言語(英語)政策にかかわることであり、政治的なものである。しかし、その内容をどのように具体的な形で解決していくか、ということは別の問題であり、実際の教育という観点からは、この言語政策を基に、より具体的な目標を提示した言語(外国語)教育政策を策定しなければならないのである。日本の場合、それが、「英語が使える日本人」を育成するための戦略構想という形で具体的な案が文部科学省によって立案されたのである。この戦略構想の目標は次のようになっている[5]。

　　◎国民全体に求められる英語力→中学・高校での達成目標を設定。
　　　　中学校卒業段階：挨拶や応対等の平易な会話(同程度の読む・書く・
　　　　　　　　　　　聞く)ができる(卒業者の平均が英検3級程度。)。
　　　　高等学校卒業段階：日常の話題に関する通常の会話(同程度の読
　　　　　　　　　　　　む・書く・聞く)ができる(高校卒業者の平均が
　　　　　　　　　　　　英検準2級～2級程度。)。
　　◎国際社会に活躍する人材等に求められる英語力→各大学が、仕事で英
　　　語が使える人材を育成する観点から、達成目標を設定。

これを見ると、まず、日本人みんなが英検3級から準2級程度の英語力を獲得することを求めており(高校卒業までの間に)、大学には、国際社会でも活躍できるだけの「仕事で英語が使える」人材を育成することを求めている。もちろん、これは目標であり、多分に理想的にみえたとしても、今後、そのために具体的にどのような英語教育の改善が必要なのかを考える必要性を訴えている、ということが言えるだろう。

　文部科学省では、その具体策を検討するために、「英語指導方法等改善の推進に関する懇談会」を設置し、2001年に報告書が作成された[6]。それを見ると、小学校から大学まですべてのレベルを通して、一貫した一つの大きな柱に沿った英語教育の目標を定め、それに沿ってそれぞれのレベルが果たす

べき役割を認識した上で、それぞれのレベルの目標を考え、実現していかなければならない、という指摘がなされた。

> 今後、各学校段階を通じた一貫性のある英語教育のシステムを早急に確立し、各学校段階で身に付けるべき英語によるコミュニケーション能力に応じた指導を推進していく必要がある。
> そのためには、各学校段階において、今後の国際社会で生きていく上で求められる英語によるコミュニケーション能力として、それぞれの学習段階においてどのような到達目標を設定し、その評価規準及び具体的なシラバスをどのように作成するかについて、学習指導要領を踏まえつつ、全体を通して検討するとともに、接続する学校間で恒常的に検討に取り組む必要がある。

　中でも大切なのは、全体的なシステムを確立することと同時に、接続する学校間で恒常的な検討を行うことの重要性が強調されていることだと言えるだろう。
　さて、この報告書では小学校における英語導入の重要性についても述べられているが、その結果、「小学校英語活動実践の手引」（文部科学省、開隆堂、2001）が出版され、現在でも小学校英語指導者の研修に使われている。その後、中央教育審議会の外国語専門部会において小学校の英語教活動の目標ついて次のように述べている。

> 小学校においては、小学校段階の子どもの柔軟な適応力を生かすことが有効である。基本的な単語や表現を用いて、英語で聞くこと、話すことなどの言語活動を実際に行ってみることにより、英語を通して積極的にコミュニケーションを図ろうとする態度の育成を図ったり、言語や文化への体験的な理解を図ったりすること、併せて英語の音声や会話に慣れることが適当と考えられる。その際、英語に対する関心・意欲を高めるため、子どもの発達段階にふさわしい言語の使用場面を設定することが必要である。

つまり、「小学校における英語教育は、会話表現、文法などの英語のスキルを身に付けさせることを直接のねらいとするものではな」く、「この段階にふさわしい英語でのコミュニケーション活動を行うこと」により、「実践的コミュニケーション能力の向上につながるもの」と位置づけられているのである。

ところで、小学校における英語活動の導入は、中高の英語教育へとつながるものでなければならない。各段階の英語教育がそれぞれ無関係に進んでいたのでは意味がない。たとえば、ベネッセが2008年に実施した中学校英語教員3643名に対する調査の結果[7]を見ると、中学校英語教員の中で小学校英語活動について知っている人は、48％いるものの、小学校英語活動の教師と一緒に話したり（28％）、小学校の英語活動を見学したり（25％）、自ら小学校で英語の授業を行ったことがある（15％）、また、中学における自らの英語教育を小学校の英語活動に合わせて変えている（13％）という教師はまだまだ少ないことがわかった。

しかし、外国語専門部会の報告書[8]では、「高等学校までの英語教育の目標や内容を整理することによって、英語力向上の道筋を明確にし、小・中・高等学校教育の連携を密接なものとすること」と述べられていることからもわかる通り、小学校における英語活動の導入は、単に小学校のみの問題としてではなく、小学校を出発点とした高等学校までの日本の初等中等英語教育全体の改革の一環として捉えられているのである。たとえば、新学習指導要領を見ると、小学校、中学校、高等学校の外国語（英語）教育の目標が次のようになっていることからも、このことはわかるだろう。

> 外国語を通じて，言語や文化について体験的に理解を深め，積極的にコミュニケーションを図ろうとする態度の育成を図り，外国語の音声や基本的な表現に慣れ親しませながら，コミュニケーション能力の素地を養う　　　　　　　　　　　　　　　　（「小学校学習指導要領」p.95）

> 外国語を通じて，言語や文化に対する理解を深め，積極的にコミュニケーションを図ろうとする態度の育成を図り，聞くこと，話すこと，読

むこと，書くことなどのコミュニケーション能力の基礎を養う。
(「中学校学習指導要領」p. 92)

外国語を通じて，言語や文化に対する理解を深め，積極的にコミュニケーションを図ろうとする態度の育成を図り，情報や考えなどを的確に理解したり適切に伝えたりするコミュニケーション能力を養う。
(「高等学校学習指導要領」p. 87)

このように，「外国語を通じて，言語や文化について体験的に理解を深め，積極的にコミュニケーションを図ろうとする態度の育成を図」る，という基本的な目標はどの学校レベルにも共通していることからも，小中高における英語教育の一貫性が強調されていることがわかるだろう。それと同時に、中学校においては、「小学校における外国語活動を通じて音声面を中心としたコミュニケーションに対する積極的な態度などの一定の素地が育成されることを踏まえ，身近な言語の使用場面や言語の働きに配慮した言語活動を行わせること」(p. 94) が求められており、高等学校のどの科目も、「中学校での英語教育の成果を踏まえて」高校英語を教えることを明記していることから、小中高それぞれの英語教育がつながっていなければならないことがわかるだろう。

このことは、中学校教員が小学校英語活動について、また、高校教員が中学の英語教育について十分理解していることの重要性を示している。しかし、現在は、残念ながら、上記のデータでも指摘したように、小学校英語活動について十分理解している中学学校教員はまだ少ないだけでなく、筆者が高校教員の研修会等で、中学校の教科書の内容を知っているかどうかを聞くと、多くの教員が見たことがない、と答えることからもわかるように、この一貫した英語教育の考え方が浸透していると言える状況ではない。

2009年秋に事業仕分けで、英語研究開発関連の予算が「廃止」とされた際に、小学校英語活動の唯一の共通教材として作成された「英語ノート」の予算もなくなることに対して大きな反対が巻き起こった。その理由は色々あったが、中でも、中学校英語教科書の編纂に際して、小学校との連携を図

ることが求められているが、そのための教材として「英語ノート」の内容が使われることになったことがあげられる。なのに、その「英語ノート」がなくなると、小中連携に大きな支障を来す、という意見がだされ、その結果、2010年度および2011年の2年間については、「英語ノート」の配布予算は復活することになったのである。

4　学習指導要領に見られる英語教育の目標の変遷

　上記のように、国策としての言語政策ができ、それに基づき、より具体的な言語（この場合は英語）教育政策が様々に検討された結果、2011年から始まる新学習指導要領が出来上がったのである。本節では、学習指導要領について検討してみたい[9]。

　日本の英語教育の目標は、という問いに答えるためには、まず、ほぼ10年に一度改訂されてきた学習指導要領を見る必要がある。そこには、文部科学省が日本の学校教育の中における外国語教育の目標が掲げられている。そこで、まずは、文部科学省が、日本の外国語教育の目標としてどのようなものを掲げてきたのか、について簡単に振り返ってみたい。

　最初に1947年の「試案」から見てみよう。そこには、英語教育の目標としていわゆる4技能の習得と英語を話す国民のことを知り、国際親善を促進することが述べられている。

　1951年の試案では、単に4技能をバランスよく教えるのではなく、生徒の関心に応じて必要な技能を重視し、さらに、「ことば」としての英語を教えることを提言している。また、英語を使っている国の人々の生活様式、風俗習慣など理解できるようにすることが目標となっている。ここでは、知識としての英語教育の重要性、また、英語圏文化を受容するという受け身的な英語教育の姿が見られる。

　1956年の高等学校学習指導要領には、1951年の内容とほぼ同じものが次のようにまとめられている。「外国語科は，外国語の聞き方，話し方，読み方および書き方の知識および技能を伸ばし，それをとおして，その外国語を常用語としている人々の生活や文化について，理解を深め，望ましい態度を

養うことを目標とする。」1960年に発布された高等学校学習指導要領でも、まず、外国語能力としては、「聞く能力」、「話す能力」、「読む能力」、「書く能力」、「基本的な語法」の学習が目標としてあげられ、文化面の記述としては、「外国語を日常使用している国民について理解を得させる」ことが目標とされた。

つまり、高度成長時代以前の日本の英語教育では、いわゆる4技能と基礎文法（語法）が強調され、それを用いてそれぞれの言語を母語として話している特定の国民を「理解する」、という受身的な目標が設定されていたのである。

しかし、高度成長時代に入ると、その目標がにわかに変化した。1970年の高等学校指導要領では、4技能だけでなく、「外国語を理解」すること、自らの考えを外国語で「表現する能力」の重要性が併記された。また、この時の指導要領では、外国の人の「ものの見方などについて理解」することと同時に、「国際理解の基礎をつちかう」ことが目標に付け加えられた。つまり、単なる4技能という「スキル」から、外国語を通して外国の人の話を「理解」することと自らの考えなどを外国人に「表現」するというコミュニケーションの基礎的概念に力点が移ったといえるだろう。同時に、また、文化の取り扱いについても英語を話す国民の文化の理解から「国際理解の基礎」能力の育成へと焦点が変わっていったことからもわかるように、個別国家や国民から、より広い国際社会で生きていくための能力の重要性が強調されるようになっていった。別の言い方をするなら、それまで見られた「受身的」な姿勢から、国際社会で外国語を使い、外国の人と交わることを前提としたより「能動的」な姿勢へと変化してきたといえるのである。

このような変化が起こった理由を考えると、1964年の東京オリンピック、そして1970年の大阪万国博覧会開催によって日本が国際社会の仲間入りを果たしたことが大きなきっかけになったといえるだろう。それまでと違い、単に外国語が、世界について学ぶ道具としてでなく、もっと積極的に世界と交わっていくための道具として認識され始めたのである。

その後、1989年の改定では、更に一歩進んで、「外国語で積極的にコミュニケーションを図ろうとする態度を育てる」ことの重要性が強調された。

1989年といえば、バブルがはじける直前で、日本の企業の海外進出が盛んに行われ、更に、ちょうどこの時期に海外に出た日本人の数（観光客を含めて）が初めて1000万人を越えたことからもわかるように、日本人が積極的に海外に出ていく時代だった。
　つまり、単に外国語を理解し、外国語で自らの考えを表現する、という表面的な目標から、より積極的に外国の人と交わるためには、コミュニケーションをしようとする態度を育成しなければならない、という動機付けの重要性が認識され、学習指導要領の焦点もそちらに移っていったのである。なお、「コミュニケーション」という言葉が学習指導要領の目標に使われたのはこの時が初めてだった。
　更に、それまでの「国際理解の基礎」能力の育成というもう一つの目標は、「国際理解を深める」という表現に変わったのである。
　1998年に発表された学習指導要領では、1989年の学習指導要領の各目標を踏襲しながら、更に進んで「実践的コミュニケーション」能力の育成の重要性が指摘された。「積極的にコミュニケーションを図ろうとする態度」を育成することは大切だが、それだけでは必ずしも「実践的」にコミュニケーションが出来るようにはならないことを受けてのことだった。バブルがはじけ、経済大国日本が窮地に追い込まれた。バブル後は、日本が世界の中でいかにコミュニケーション下手かを思い知らされる時代になったと言っても過言ではないだろう。そこで、単に「コミュニケーションを図る態度」の育成だけではだめで、もっと直接的にコミュニケーションができる能力が育たなければならない、という認識が生まれたのである。そのために、学習指導要領に言語の「使用場面」と様々な「ことばの働き」が具体的に提示されるようになった。
　この学習指導要領の改訂で、もう一つ見逃せないのは、中高における外国語教育がそれまでの「選択科目」から「必修科目」になったこと、そして、新たに導入された「総合科目」の内容の一つである国際理解教育の一環として外国語教育が含まれたことである。つまり、小学校の「総合科目」の国際理解教育の一環として、小学校で初めて英語が導入されたのである。それだけ、外国語教育の重要性が認識されてきた、と言えるのである。

5　英語ができる日本人育成のための方策と入試

　過去の学習指導要領の検証から、日本の英語教育政策が昔からコミュニケーション能力の育成に積極的な姿勢を示していたことがわかるが、ならば、どうして英語能力テストや意識調査の結果から本稿の最初に見たような結果がいまだに続いているのだろう。

　文部科学省としては、公立の中高の英語教師 60,000 人を対象とした悉皆研修を 5 年間実施し、英語の教員が英語で講義を聞くだけでなく、自らも英語で発表やプレゼンテーション出来るようにする努力をしてきた。また、スーパー・イングリッシュ・ランゲージ・ハイスクール (SELHi) 事業[10]で 2002 年から 2009 年 3 月までにのべ 168 校（166 の取組）で、コミュニカティブな英語力の修得を目指した様々な取り組みを支援した。なお、SELHi の成果については、個々の学校の報告書に記載されているが、全体的には非常に大きな成果を生んだと言えるだろう（吉田・堤 2010）。Can-do を基準にまとめると、授業そのものを英語で行う学校（ライティング、多読、ディベート、ディスカッション等）から、プロジェクトを組んで英語で行うところ（環境問題、人権問題、平和問題等をテーマにプロジェクトを行う）、校外で英語を使う場を求める学校（ディベート大会、スピーチ大会、模擬国連等への参加、また、近隣の小学校で英語活動の補助をする活動等）、そして、海外の学校との交換留学、姉妹校提携、短期語学研修等に力を入れる学校、というように、様々な形で生徒に英語を実際に使う機会を提供する学校まで、様々な試みがなされた。また、SELHi の大きな成果の一つは、日本人英語教員が英語で授業ができることを証明したことだろう。SELHi に指定された高校の英語教員全員が英語で授業ができるようになった例は少なくないのである。

　しかし、どんなにコミュニカティブは英語を教えたとしても、それが大学入試に役立たなければ、教師も生徒も二の足を踏んでしまう可能性が高い (Yoshida 2003)。しかし、コミュニカティブな授業を行うことで本当に受験に悪影響があるのだろうか。次の表を見てほしい（吉田・堤 2010）。

　この表からわかることは、英語コミュニケーション能力テストである

表1　SELHi校の成果

「センター試験自己採点集計」と「GTEC for STUDENTS」の受験データより作成
・各成績層のSEL-HiデータはⅡ期指定校のうち、20校1853人のデータを使用。
・センター試験自己採点集計40万人のデータから、GTECを複数回受験しているSEL-Hi以外の7万人を抽出。

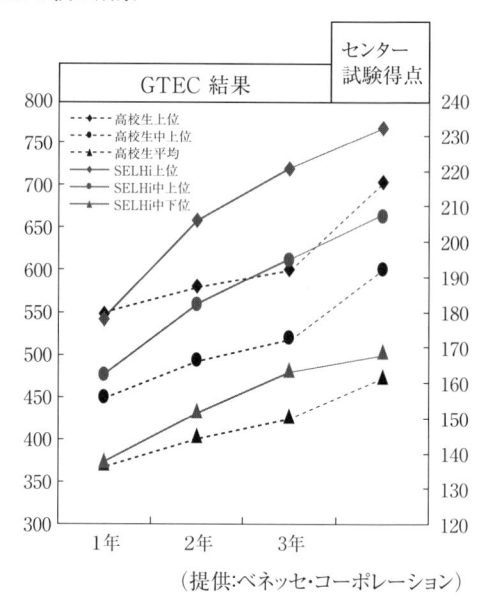

（提供:ベネッセ・コーポレーション）

　GTEC for Studentsの結果は、偏差値の高い学校、中ぐらいの学校、そして、中より下の学校のどこをとっても、SELHiの方が高いことがわかる。授業自体がコミュニケーション能力を伸ばすことを目的に運営されているので、当然と言えば当然だろう。しかし、注目すべき点は、SELHiでコミュニケーション能力を伸ばす授業を受けてきた生徒が、大学入試であるセンター試験の英語でも、SELHi以外の学校の生徒より高い点数を取っていることである。つまり、入試も変わってきており、センター試験を見ても、英文和訳や細かい文法的知識を直接問う問題はなくなっているのである。また、現在、上智大学は実用英語検定協会（英検）と共同でアカデミック英語能力テスト（TEAP）[11]の開発を行っているが、これは、日本人がEFL（英語が外国語である環境）環境の中にあって英語で高等教育を受ける際に必要とされるであろう英語能力を測定するもので、数年後には従来の入試にかわるテストとして上智大学で導入されることになっている（上智大学2009、吉田2010）。このテストは、大人として、大学生として必要とされる英語のコミュニケー

ション能力を基にしているのである。

　ところで、入試の内容や方法が高校現場の英語教育に最も大きな影響を与える（washback 効果）、と言われることが多いが、Watanabe（1997, 2004）によれば、必ずしもそうではない。むしろ、教師は自分が信じている教え方をしていることがほとんどで、それを大学入試に責任転嫁している可能性が高い、というのである。事実、入試は大きく変わってきているにもかかわらず、教師の教え方はあまり変わっていない。もしこれが正しいとすれば、何よりも大切なのは、教師の英語教育に対する意識を改革することだということになるが、それは容易なことではない。

6　日本人の英語力をどう伸ばすか

　英語の教師すべての意識改革は難しい課題だが、少なくとも悉皆研修やSELHi 事業により、英語のコミュニケーション能力育成の重要性に目を向ける教師は確実に増えている。2006 年に始まった全国高校英語ディベート大会[12]には、60 以上の高校が参加した。最初の頃の入賞校はすべて SELHiだったが、2009 年度には SELHi 以外の学校が初めて優勝した。SELHi の成果が少しずつその他の学校にも広がっている、ということではないだろうか。

　ところで、この全国大会で優勝した学校は、翌年の世界大会（World Schools Debating Championship）[13]に日本の代表として参加するが、2009 年までは、世界で最下位、あるいはそれに近い成績だった。日本ではナンバーワンでも、世界ではまだまだ、という状況だった。ところが、2010 年の優勝校は、世界大会でも 57 カ国中 45 位、と飛躍的に順位を伸ばした。その理由は色々考えられるが、一つは、debate の内容にあるのではないかと思われる。全国高校英語ディベート大会の過去 4 回の論題は以下のとおりである。

　　2006 年度　Japan should make English an official language.
　　2007 年度　All elementary and secondary schools in Japan should have classes

2008 年度　Japan should lower the age of adulthood to18.
2009 年度　Japanese Government should prohibit worker dispatching (Haken Roudou).

では、この間の世界大会の決勝戦の論題を見てみよう。

2007 年度　This House would abolish the Nuclear Non-Proliferation Treaty.
2008 年度　This House would expand the number of permanent members of the UN Security Council.
2009 年度　This House believes that governments should grant amnesties to all illegal immigrants.
2010 年度　That governments should never bail out big companies.

　ここでわかるのは、2006 年から 2008 年までの日本の大会の論題は、非常にローカルな話題だが、世界大会の論題は、グローバルである。日本だけの問題でも英語で議論できること自体素晴らしいことだが、世界で戦う場合は、もっとグローバルな話題についてもきちんと論じることができなければならないのである。
　では、どうして 2010 年の世界大会はそれまでと違って飛躍的にのびたのだろうか。2009 年度の全国高校英語ディベート大会の論題は深刻な社会的問題であり、ある意味では、グローバルな社会問題として世界の他の国でも議論されている可能性があるものである。つまり、ようやく日本の大会でも、よりグローバルな論題が扱われるようになった結果、日本のチームの順位が伸びた可能性があるのである。ちなみに、2010 年度の日本の大会の論題は、Japan should significantly relax its immigration policies. である。
　日本の高校生もようやくここまで来た、ということが言えると思うが、これは、今回の学習指導要領の根底に流れる「言語力」の育成の重要性とも関連しているように思う。一昨年、高校の英語の教員をしている筆者の教え子が英語のディベートを教えようとしてもうまくいかない、と嘆いていた。し

かし、翌年、今度はうまく行っている、という。そこで前年と何が変わったのかを聞いて見ると、国語表現という選択の授業で、国語の先生が日本語のディベートを教えており、既に論の立て方、意見の主張の仕方、反論の仕方などについて知っているので、英語でのディベートが非常に教えやすくなった、ということだった。そして、その年度の全国大会で、いきなり優勝したのである。なお、昨年度も3位に入賞している。

今回の学習指導要領の策定には、「言語力」の育成の重要性がある[14]。では、言語力とは何か。言語力の育成方策についての諮問委員会の定義によると、次のようになっている。

> 言語力は、知識と経験、論理的思考、感性・情緒等を基盤として、自らの考えを深め、他者とコミュニケーションを行うために言語を運用するのに必要な能力を意味するものとする。

また、非常に重要なのは、この言語力が、あらゆる科目を通して育成されなければならない、とされている点である。

> 国語科を中核としつつ、すべての教科等での言語の運用を通じて、論理的思考力をはじめとした種々の能力を育成するための道筋を明確にしていくことが求められる。その際、各教科等の特質を踏まえて取り組むことが重要である。

つまり、上記の例でもわかるように、特に高度な認知的活動が求められるような言語活動の場合は（Cummins 1984）、まず、学習者のより支配的な母語で行うことが最も有効とされており、日本語でまずディベートをやることで、より認知的な理解を促進することができ、それが、学んでいる外国語にも転移する、というのである。

今回の学習指導要領では、次のような形で、言語力の重要性が含まれている。なお、内容的には小・中・高ともに、同じものとなっている。

各教科等の指導に当たっては，児童(生徒)の思考力，判断力，表現力等をはぐくむ観点から，基礎的・基本的な知識及び技能の活用を図る学習活動を重視するとともに，言語に対する関心や理解を深め，言語に関する能力の育成を図る上で必要な言語環境を整え，児童の言語活動を充実すること。

7 おわりに

さて、これまでは、小中高を中心に学習指導要領に記されている英語力の育成がどのように考えられているかについて考えてきた。最後に、大学の役割について少し触れておきたい。

2009年度、グローバル30と言って、大学の国際化を支援する文部科学省のプロジェクト[15]が公表され、13の大学がその拠点として選ばれた。このグローバル30(結果としては13大学のみ)の目的は次のようになっている。

世界的な人材獲得競争が激しくなっている状況の下、我が国の高等教育の国際競争力の強化及び留学生等に魅力的な水準の教育等を提供するとともに、留学生と切磋琢磨する環境の中で国際的に活躍できる人材の養成を図るため、各大学の機能に応じた質の高い教育の提供と、海外の学生が我が国に留学しやすい環境を提供する取組のうち、優れたものを支援する。

そして、日本の大学の国際化を推進するために、留学生を増やすと同時に、英語で学位が取れるプログラムを作り、外国人教員を増やし、日本人の学生の留学を支援することも述べている。また、日本の大学にも、世界中の国から留学生が来て学位が取れるようにしなければならないのである。

ということは、単に外国人だけのためのコースではなく、留学生と切磋琢磨しながら日本人の学生も英語で学位が取れるだけの英語力が求められる、ということになるのである。

上述したアカデミック英語のテストは、正にこのような状況に対応できる

英語力をどれぐらい持っているかを測定するために開発しているものである。また、日本人学生が英語でも授業についていけるように、CLIL (Content and language integrated learning) に基づいた高度な語学教育体制を確立する必要がある。今後、特にグローバル30に選定された大学を中心に、日本人大学生の英語力育成に真剣に取り組む必要があるだろう。そうすることにより、真に小学校から大学までの一貫した英語教育体制が出来上がるのである。小中高大のそれぞれが、自らの英語教育の在り方のみについていくら努力したとしても、他の学校レベルでどのような目標に向かって、どのような取り組みがなされているかを知らなければ、結局は上手く行かないだろう。文部科学省の施策について、色々批判はあるが、少なくともこの一貫した英語教育の体制作りへの努力には、我々も協力すべきだろう。

注
1　総務省「21世紀日本の構想懇談会」報告書
　　(http://www.kantei.go.jp/jp/21century/houkokusyo/index2.html)
2　ETS (2010) Test and Score Data Summary for TOEFL Internet-based and Paper-based Tests.
　　(http://www.ets.org/Media/Tests/TOEFL/pdf/test_score_data_summary_2009.pdf)
3　ETS (2006) The TOEIC Test — Test of English for International Communication. Report on Test Takers Worldwide 2005
　　(http://www.ea.toeic.eu/fileadmin/free_resources/Europe%20website/3548-TOEIC_TTRep.pdf)
4　第1回小学校英語に関する基本調査（保護者調査）2007 ベネッセ
　　(http://benesse.jp/berd/center/open/report/syo_eigo/hogosya/)
5　文部科学省 (2002)「英語が使える日本人」を育成するための戦略構想
　　(http://www.mext.go.jp/b_menu/shingi/chousa/shotou/020/sesaku/020702.htm#plan)
6　文部科学省 (2001)「英語指導方法等改善の推進に関する懇談会の報告書」
　　(http://www.mext.go.jp/b_menu/shingi/chousa/shotou/018/toushin/010110b.htm)
7　第1回中学校英語に関する基本調査（教員調査）2008 ベネッセ
　　(http://benesse.jp/berd/center/open/report/chu_eigo/kyouin_soku/index.html)
8　文部科学省 (2006)「中央教育審議会の外国語専門部会報告書」
　　(http://www.mext.go.jp/b_menu/shingi/chukyo/chukyo3/004/siryo/06040519/002.

htm)
9 国立教育政策研究所「過去の学習指導要領」
(http://www.nicer.go.jp/guideline/old/)
10 文部科学省 (2002)「スーパー・イングリッシュ・ランゲージ・ハイスクール」
(http://www.mext.go.jp/a_menu/hyouka/kekka/05090202/011.pdf)
11 上智大学 (2009)「アカデミック英語能力判定試験—Test of English for Academic Purposes —の開発について」
(http://www.sophia.ac.jp/J/news.nsf/Content/sophiapr090401)
12 全国高校生英語ディベート大会 (http://gtec.for-students.jp/debate/index.html)
13 World Schools Debating Championships
(http://www.schoolsdebate.com/blog/2010/02/team-tab-and-other-results.asp)
14 言語力の育成方策について(報告書案)【修正案・反映版】
(http://www.mext.go.jp/b_menu/shingi/chousa/shotou/036/shiryo/07081717/004.htm)
15 文部科学省 (2009)「国際化拠点整備事業」
(http://www.mext.go.jp/a_menu/hyouka/kekka/08100105/052.htm)

参考文献

伊村元道 (2003) 日本の英語教育 200 年　大修館書店
英語指導方法等改善の推進に関する懇談会
　　(http://www.mext.go.jp/b_menu/shingi/chousa/shotou/018/toushin/010110b.htm)
言語力の育成方策について(報告書案)【修正案・反映版】
　　(http://www.mext.go.jp/b_menu/shingi/chousa/shotou/036/shiryo/07081717/004.htm)
国立教育政策研究所 (2005) 平成 13 年度小中学校教育課程実施状況調査データ分析に関する報告書 (http://www.nier.go.jp/kaihatsu/13KOUKAI/HONBUN.PDF)
国立教育政策研究所「過去の学習指導要領」(http://www.nicer.go.jp/guideline/old/)
　　(http://www.mext.go.jp/a_menu/hyouka/kekka/08100105/052.htm)
小学校における英語教育について(外国語専門部会における審議の状況)
　　(http://www.mext.go.jp/b_menu/shingi/chukyo/chukyo3/004/siryo/06040519/002.htm)
上智大学 (2009)「アカデミック英語能力判定試験—Test of English for Academic Purposes —の開発について」
　　(http://www.sophia.ac.jp/J/news.nsf/Content/sophiapr090401)
全国高校生英語ディベート大会 (http://gtec.for-students.jp/debate/index.html)
総務省「21 世紀日本の構想懇談会」報告書

（http://www.kantei.go.jp/jp/21century/houkokusyo/index2.html）
ベネッセ（2007）第 1 回小学校英語に関する基本調査（保護者調査）
　（http://benesse.jp/berd/center/open/report/syo_eigo/hogosya/）
ベネッセ（2008）第 1 回中学校英語に関する基本調査（教員調査）
　（http://benesse.jp/berd/center/open/report/chu_eigo/kyouin_soku/index.html）
ベネッセ（2009）第 1 回中学校英語に関する基本調査（生徒調査）
　（http://benesse.jp/berd/center/open/report/chu_eigo/seito_soku/index.html）
文部科学省（2001）「英語指導方法等改善の推進に関する懇談会の報告書」
　（http://www.mext.go.jp/b_menu/shingi/chousa/shotou/018/toushin/010110b.htm）
文部科学省（2001）「小学校英語活動実践の手引き」開隆堂
文部科学省（2002）「英語が使える日本人」を育成するための戦略構想
　（http://www.mext.go.jp/b_menu/shingi/chousa/shotou/020/sesaku/020702.htm#plan）
文部科学省（2002）「スーパー・イングリッシュ・ランゲージ・ハイスクール」
　（http://www.mext.go.jp/a_menu/hyouka/kekka/05090202/011.pdf）
文部科学省（2006）「中央教育審議会の外国語専門部会報告書」
　（http://www.mext.go.jp/b_menu/shingi/chukyo/chukyo3/004/siryo/06040519/002.htm）
文部科学省（2008）「高校学習指導要領」
文部科学省（2008）「中学校学習指導要領」
文部科学省（2008）「小学校学習指導要領」
文部科学省（2009）「国際化拠点整備事業」
吉田研作（編著）（2008）「21 年度から取り組む小学校英語―全面実施までにこれだけは」教育開発研究所
吉田研作（2010）「アカデミック英語能力テスト（TEAP）開発の意味」『英語教育』59 巻 5 号 26
吉田研作・堤眞幸（2010）「SELHi 等英語教育先進校が目指してきた高校英語教育の改善」ASTE 58 号 14–26
Coyle, Hood and Marsh（2010）CLIL: content and language integrated learning. Cambridge: Cambridge.
Cummins, J.（1984） Bilingualism and Special Education: Issues in Assessment and Pedagogy, Clevedon: Multilingual Matters
ETS（2006）The TOEIC Test — Test of English for International Communication. Report on Test Takers Worldwide 2005
　（http://www.ea.toeic.eu/fileadmin/free_resources/Europe%20website/3548-TOEIC_TTRep.pdf）
ETS（2010） Test and Score Data Summary for TOEFL Internet-based and Paper-based

Tests. (http://www.ets.org/Media/Tests/TOEFL/pdf/test_score_data_summary_2009.pdf)
Spolsky, B. (2004) Language Policy. Cambridge:Cambridge
Tollefson, J. (2002) Language Policies in Education — Critical Issues. Lawrence Erlbaum: Mahwah, NJ
Watanabe, Y. (1997) The Washback Effects of the Japanese University Entrance Examinations of English-Classroom-based Research. PhD thesis, Lancaster University.
Watanabe, Y. (2004) Washback in Language Testing: Research Methods and Contexts. Edited by Liying Cheng & Yoshinori Watanabe, with Andy Curtis. Lawrence Erlbaum, Jew Jersey. 19–36
World Schools Debating Championships
(http://www.schoolsdebate.com/blog/2010/02/team-tab-and-other-results.asp)
Yoshida, K. (2003) Language Education Policy in Japan — the Problem of Espoused Objectives versus Practice. .Modern Language Journal. 87(2), 291–293.

9　少子高齢社会における移民政策と日本語教育

京都大学　安里和晃

1　人の国際移動を規定する新たな要因

　日本の外国人労働者政策に関する議論は大きく3期に分けることができるという(明石2010)。第1期は1980年代後半におきた労働力不足の緩和に関するものであり、第2期は1990年代後半から2000年代初めにかけて、少子化を念頭においた外国人労働者の導入についての議論である。そして、第3期はグローバリゼーションとの過程で、受け入れは不可避という議論である。

　第3期はこれまでと異なる点があるように思われる。第1の特徴は、国家間の高度な政治性を伴なう調整を通じて生じる人の国際移動であり、EPA(経済連携協定)はその好例である。経済連携協定による外国人看護師・介護福祉士候補者の受け入れが2008年に始まって2年が経過した。しかし当初から厚生労働省は労働者受け入れに反対してきたにもかかわらず、すでに約1,000人以上が導入されたことになる。従ってEPAにおける人の移動は理解しにくいものとなっている。

　第2の特徴は定住する非日本国籍者の増大である。従来の「鎖国」か「開国」かの議論とは関係なく、長期滞在が可能な外国人住民が増加している。このことは、出入国管理政策だけでは対応できないことを示すとともに、住民の視点から日本語教育をはじめとする教育、雇用、福祉の在り方の再検討を迫るものである。

　第3の特徴は日本語教育の強調である。これは看護師・介護福祉士候補

者や日系人に共通している。従来の製造業を中心とした「顔の見えない定住化」から、医療・福祉部門といったサービス部門への従事については、資格取得のため、雇用能力 employability を高めるため、あるいは経済的自立を果たす上でも日本語能力が強調されるようになってきた。

本稿では、EPA で入国した看護師・介護福祉士候補者に焦点を当て、その経緯を明らかにするとともに、日本語の要件についてどのように制度が構築されたのか明らかにしたい。また、受け入れから 2 年がたち、現在の研修の状況や問題点、あるいは日本語が二重労働市場を規定しようとしている現状について明らかにしたい。

2 EPA における人材受け入れの経緯と日本語教育

フィリピンとの経済連携協定の交渉は 2002 年にさかのぼる。アロヨ大統領(当時)は小泉首相(当時)との首脳会談で協定の作業部会の設置を提案し、同年には民間や研究者も加わり、日比経済連携タスクフォースが発足した。そこでは関税の引き下げ、投資やサービスの自由化、人の移動も含めたより包括的な経済連携協定(EPA)を目指すことが明らかになった。人の移動に関して言うと、フィリピン側からは家事労働者、ベビーシッター、看護師、介護士などの受け入れを求める提案があった。慢性的な高失業率の解消は当時のアロヨ大統領にとって喫緊の課題であり、公約でもあった。しかし、アセアンの経済統合が進む中、多国籍企業の配置の見直しなどからフィリピンは必ずしも自由貿易化から十分な利益を得ているわけではなかった。海外からの直接投資は他のアセアン諸国と比べても低い伸び率にとどまっており、雇用問題解決の切り札とはならなかった。フィリピンはマルコス大統領時代の 1980 年代から送り出しを促進する政策を取っており、海外からの送金額の伸びからしても経済連携協定を通じて送り出しの促進を図ることは予想された。特に看護師については、年間一万人以上の看護師有資格者を輩出しているが、同時に年に約 7,000 人が海外で新規就労しており、「看護師の製造工場[1]」とでも呼べる状況であった。また従来から送り出しが盛んであった家事労働者については、先進国の高齢化を見越し、スキルトレーニングを通じ

て家事労働者から介護職従事者に送り出しの重心を移す「高付加価値化」も示されていた。

　フィリピンからの提案は日本にとっても予想できたことであり、経団連をはじめとする経済団体も、1990年代から看護師や介護士の受け入れを提言してきていた。従って、経済規模の異なるアセアン諸国の中では、フィリピンから交渉を始めることが、人の国際移動を取り入れた経済連携協定の枠組みを形成するには最も適当であったと推測することができる。事実、フィリピンの人の受け入れ枠組みは、その後インドネシアやタイへと受け継がれ、政府もフィリピンの枠組みを踏襲しない理由はないとしている。フィリピンでの受け入れ枠組は農産物輸入の自由化に代わる貿易交渉上のパーツになっていたのである。

　フィリピンからの提案に対し、日本政府は現行法令の枠内での受け入れが求められていたため、看護師と介護福祉士が検討された。タスクフォースは日本における外国人医療従事者に関する需要調査を実施し、看護師や介護福祉士の受け入れは可能と判断していた。一方、ホームヘルパーなどは法令の改定が必要とされたため除外された。

　厚生労働省の態度は一貫していた。看護・介護部門の労働力不足は、潜在看護師や介護士を掘り起こすことで解消可能という見解を持っていた。当時の第5次看護職員需給見通しによると、2001年に35,000人不足していた看護師は、退職者や就労を中断している潜在看護師の就労促進により2005年には解消されると推測されていた。また将来の看護市場の需給についても、同様に全国に約55万人存在する潜在看護師[2]の活用が先決だとした。しかしながら、厚生労働省の見通しは、説得力のあるものではなかった。第6次看護職員需給の見通しによると、2006年の実態は需給見通しと異なり、4万2千人の不足であった。この時も、前回と同じく潜在看護師の活用で問題は解決できるとされた。日本看護協会も厚生労働省と同様、看護師の受け入れに反対であった。特に日本人看護師の給与水準や労働条件の悪化による労働市場の圧迫、言葉の問題や医療体制の違いから生じる看護ケアの質の維持が危惧された[3]。したがって、EPAによる受け入れは「国内で必要性があるためではなく、EPA締結によりもたらされる全体の経済的メリットを考慮

し相手国から要望がある場合に、特別に受け入れの検討を行っているものである」とし[4]、最終的には受け入れることになった。

　所管が反対しているにもかかわらず、国境の扉を開くというのは人の国際移動の新しい局面であった[5]。その背景にはEPAの締結に向けた高度な政治性を伴ったトップダウンの決断があった。政府がEPA締結を急いだのは自由貿易化によるメリットを早くから享受したいという成長戦略上の思惑があったからである。政府からすれば、アジアの成長を活用して高齢化率が21％を超える超高齢社会を支えていくという政策は唯一無二のものであり、優先度の高いものであった。たとえば超高齢社会を支えるための社会保障制度の持続、労働力人口の減少を補う生産性の向上、900兆円に達した国の債務返済はどれをとっても社会の維持のために解決されなければならない問題であった。その解決策の1つとされたのが自由貿易化であった。しかし、貿易の自由化の障害となっていたのは特に農産物であり、日本としては農産物輸入自由化を先送り、あるいは認めない代わりに、人の国際移動や技術支援などを組み合わせてEPA締結にこぎつけたのである。この経済成長戦略は自民党政権から民主党政権に受け継がれており、対案がないのが現状である。

　EPAにおける人材の受け入れに以上の経緯があったとは言え、今後の医療・福祉部門における人材の供給に大きな課題があることは間違いない。今回のEPAの受け入れ機関のうち、厚労省の調査では受け入れの目標（複数選択）を現在の労働力不足の解消としているものが58％、将来の本格的な確保のためのテストケースとして位置付けているのが85％にのぼっている。国際貢献（73％）という目的も多く、余裕のある施設が応募しているといわれているが、現場では現在や将来の人材不足に備えるという側面があることも確かである。また、高齢化により医療や福祉の需要が大きくなっていること、労働力人口の減少で労働供給の見通しが厳しいものであることは、日本だけではなく先進諸国で同様のものとなっている。

3　スキルの担保

　看護師・介護福祉士候補者の受け入れで強調されたのが、スキルの担保で

ある。特に国家資格取得という要件を下げずに、6カ月間の日本語研修と、その後の受入れ機関における研修で限られた期間内に資格取得するというハードルの高いものとなった。

　交渉プロセスにおいて、日本語研修はフィリピンで行うという案もあったが、日比経済連携協定のタスクフォースは現地での教育に反対した[7]。その理由は、フィリピンに教育インフラが十分整っていないことと、日本語研修にかんするフィリピン政府の不正があったことに起因する。

　日本語研修実施機関を監督してきたフィリピンの技術教育技能開発庁は、それまで興行ビザで日本に入国するエンターテイナーに対して不正な認定証を発行していた経緯があった。また、いわゆる「やくざ」との利権が強固に存在することから、タスクフォースとしては日本語教育体制を抜本的に見直す必要があったと考えたようである。こうした経緯から日本語研修は日本で行われることになった。

　日本語研修はEPAの成立に深くかかわった経済産業省と外務省がそれぞれ予算を組むことになった。インドネシア人看護師・介護福祉士候補者第1陣に対しては日本語教育が海外技術者研修協会や国際交流基金に委託され、7億3700万円、一人当たり約360万円が充てられてた。日本語研修はインドネシア人候補者第1陣を例にとると、約680時間もの日本語研修や、社会文化適応研修など合計約860時間から構成され、国際厚生事業団による導入研修も行われた。日本語研修は公募入札方式を取っており、2年目以降、応札先が同じと限らないことから、看護・介護分野における日本語教授に関するノウハウが蓄積されないといった問題を引き起こした。フィリピン大使館は、公募によりインフラ基盤が十分に整っていない事業所への委託があったとして、生活適応の妨げになったという問題点を指摘した[8]。また、インドネシア人候補者の日本語研修は第1陣が6カ月間日本であったのに対し、2陣以降は現地での研修が設けられた。研修費用については、政府費用負担額が大きいとの意見も聞かれるが、応札先に対する聞き取りでは、現行の6カ月の研修枠組みでは、これ以上費用削減を行うことは困難であること、また民間による受託は十分な利益が確保されないことから参入は容易ではないという。

4　就労実態と日本語の問題

　ここでは 2008 年 8 月に来日した第 1 陣インドネシア人看護師・介護福祉士候補者を事例として取り上げたい。看護師候補者は 2008 年 8 月に 104 人が来日し、6 カ月間の日本語研修の後、各受け入れ機関での研修に入った。ほとんどの候補者が病棟に入っており、日本語能力がより求められるであろう外来での勤務者はいないようである。業務は看護補助業務がほとんどとなっている。具体的には清潔介助、患者移送、排せつ介助、シーツ交換・環境整備、食事介助が多くの施設での業務内容となっている。

　看護補助業務に従事する候補者も、研修当初は多くが社会的な地位の下降にショックを受けた。インドネシアで有資格者でも、日本語を解さなければ資格取得も業務に従事することも簡単ではない。現行枠組みでは日本語習得は基盤である。言い換えると、日本語能力がこの EPA による受け入れ事業の成否を握る鍵である。

　笹川平和財団の調査(n=36、うち看護師候補者受け入れ機関 n=16、介護福祉士候補者受け入れ機関 n=18)によると、候補者に対する問題点として、8 割以上の受け入れ機関が日本語スキルを問題であると指摘した。同じく、8 割以上が教育体制に問題があるとしている。つまり候補者の日本語能力の問題は、日本語教育の在り方とセットである。今回の研修の枠組みは、6 カ月間の日本語研修後、受け入れ機関に研修が一任されているため「丸投げ」として批判が突き付けられた。厚生労働省も、2010 年度予算において研修にかかる諸費用等の補助によって 8.7 億円を計上した。これにより、受け入れ機関は研修の一部を外部化しやすくなった。

　インドネシア人看護師候補者第 1 陣の学習状況は 2009 年 8 月の時点で以下のとおりとなっている。勤務時間内における週当たりの学習時間は平均 13.2 時間となっている[9]。研修は日本語と国家試験対策に分けられるが、それぞれ平均 4.4 時間と 8.8 時間である。これが介護福祉士候補者となると事情は大きく異なり、週あたり学習時間が 5.5 時間で看護師候補者の 2 分の 1 以下となっている。うち日本語学習時間は 4.57 時間、国家試験対策が 0.96 時間となっていて、日本語学習に時間の多くを割いていることがわかる。両

者の違いは受け入れ制度の違いにある。看護師候補者は年に1回の国家試験を受験することができるが、介護福祉士候補者については日本のカリキュラムに合わせ、3年の実務経験を経るまで国家資格試験を受験することができないため、候補者は4年の滞在期間のうち受験機会が一度しかない。したがって、看護師候補者は試験対策に重点が置かれるのに対し、介護福祉士候補者は業務により関連する日本語教育にウェイトが置かれるのである。

続いて2010年2月、看護師国家試験の直前に厚生労働省が行った調査を検討することで、学習時間がどのように変化したかについて明らかにしておきたい。同省の調査によると、受け入れ機関における勤務時間内の学習時間（研修時間）は13.295時間である（中央値12.5時間）。先ほどの笹川平和財団の調査と重ね合わせると（図1）、学習時間は二極化しつつあることがわかる。つまり、熱心な受け入れ機関とそうでない機関に対応が分かれているのである。笹川平和財団の調査と比べると、受け入れ機関が提供する学習時間は13.2時間から13.3時間とほとんど増えていない。ところが、学習時間が20時間から25時間、つまり1日当たり勤務時間の4-5時間を学習時間に充てているという受け入れ機関は、試験直前の厚生労働省の調査では3割を占

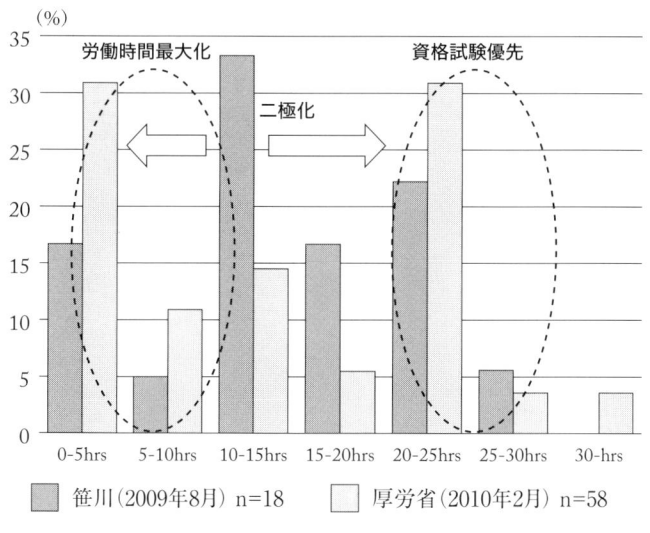

図1　看護師候補者の勤務時間内における学習時間（週当たり）

める一方、1時間から5時間と答えている受け入れ機関も同じく3割に達している。

このことは試験直前であるにもかかわらず、学習時間をほとんど提供していない受け入れ機関が多くあることを示している。笹川平和財団の調査結果と照らし合わせると、研修時間を減らした施設が増加したとも解釈することができる。こうした受け入れ機関は、試験対策に多くの時間を割くよりも、就労に重点を置くようになったと考えられる。つまり、この学習時間の二極化は、あきらめてしまった受け入れ機関とそうでない機関を投影している。

この二極化は労働市場に悪影響を及ぼす可能性がある。人材育成を止めてしまった受け入れ機関は、候補者を特定の業務に固定化させてしまう恐れがある。特に清掃、排せつ介助、運搬業務、入浴介助など、コミュニケーションをそれほど必要としない業務、あるいは比較的年配の看護補助者が多い病院などでは体力を要する業務が候補者に課せられることになろう。こうした業務が固定化されれば、人材育成の必要もなくなり人件費を抑えることもできる。こうして候補者は国家試験を目標とせずルーチンワークに固定されることになる。

研修時間の二極化は階層化の始まりである。2010年の看護師国家試験における候補者の合格率は1%であり、今後改善がなされないのであれば、多くは看護補助業務だけで帰国ということになる。これは二つの意味で大きな損失である。一つは日本政府や受け入れ機関が投じた多額の教育投資であり、説明責任が問われる可能性がある。もう一つは、スキルダウンによる日本での就労と、3年から4年での帰国がどのような意味を持つかということである。看護師候補者のすべて、および介護福祉士の多くは看護師の資格を有しているが、看護業務を行うことができないという点において社会的な地位の下降を経験する。3-4年間スキルダウンのまま固定し、そのほとんどが国家試験に合格せず帰国するとすれば、何のための受け入れプログラムなのであろうか。これは倫理的な問題でもある。もし看護補助者や介護従事者が求められているのであれば、最初から相手国の高度人材を人材流失させるきっかけになるようなリクルートのあり方ではなく、技能実習という形で無資格者を導入すればよい。

5　労働力人口の減少と統合

　日本の労働市場を展望する際、今後これまで十分に労働力化されていなかった人々が労働力として雇用されることになるであろう。というのは、労働力の基幹をなす労働力人口が大きく減少するからである。2005年には約8400万人の労働力人口が、14年後の2019年に1千万人減少し7400万人となる。さらに15年後の2034年には1千万人が減少し6400万人となる。そして、そのわずか10年後にさらなる1000万人が減少、日本の労働力人口は5400万人になると推定される。40年弱で3000万人、総人口の4分の1が減少することになる。今の失業者数約400万人はおそらく一時的なもので、今後の労働力人口の減少による労働市場におけるミスマッチ問題の方がより長期的問題になるであろう。政府は女性の活用や高齢者の活用を強調するが（内閣府 2010）、日本は男性正規社員を基幹とした労働力を構成しているため、多様な人材の取り込みが今後の課題になるであろう。たとえば女性の労働力については、M字型を根拠に潜在労働力の活用が重要視されている。しかし、男女賃金格差が大きいこと、昇進の困難さといったものが、女性の社会進出を阻んでいると考えられる。高齢者の活用については、しばらくは定年の延長や再雇用によって就労期間を延ばすことが可能であると考えられるが、2025年ごろからは団塊の世代の高齢化が進み、定年延長の効果は急速に薄れていくであろう。

　また、外国人労働者の就業の困難については、たとえば能力による賃金格差が指摘されている（川口 2008）。EPA看護師や介護福祉士候補者についてもまだ1人前とは言えない状況にあると指摘する施設もあり、日本語能力の差や、スキルの差が存在していると認識されている。このことが賃金格差にもつながっている可能性がある。需要側からすれば、多様な人材を取り込まなければならない状況であるのであれば、労働力を提供したいと思う人に対してスムーズに労働市場に参入できるようにすべく、積極的労働市場政策を取る必要があるであろう。ただし、現在のところ厚生労働省は女性や高齢者についてはともかく、外国人住民（移民）については将来的な労働市場における位置づけを明確にしておらず、したがって、移民に対する日本語や職業訓

練などの支援も法制化されていないままである。

6 まとめ

　EPA における看護師・介護福祉士候補者の受け入れ枠組においては、日本語能力が同制度の成否の鍵を握る。その理由は、候補者のほとんどが日本語学習未経験者であること、国家資格取得を目指すこと、職員や患者・利用者とのコミュニケーションが求められるからである。そこでは基礎日本語に加え、医療・福祉の専門日本語、国家試験対策といったこれまでに経験したことのない領域での日本語教育に対する対応が求められている。しかしながら、来日前後6カ月間の日本語等研修の後、継続的な日本語学習・試験対策は受け入れ機関に任されることになったため、標準化されたカリキュラムも、十分な教材のない中で、EPA による受け入れが進むことになった。このことは受け入れ機関に対する負担を大きくした。

　他方、候補者は日本語教育を受けた経験がない者がほとんどである。日本語を習得しない限り看護師資格を取得することも、業務を十分にこなすことも困難である。どのように効果的な日本語教育を展開するか、また候補者のモチベーションがどれだけ維持できるかが重要となる。

　現在、学習状況については二極化が展開している。二極化は人材育成を積極的に展開する機関とそうでない機関への分化であり、今後、人材育成を展開しない受け入れ機関が増加するのであれば、EPA による受け入れは、看護補助者のローテーションプログラムになり、看護師資格取得目的という制度自体が形骸化してしまうであろう。

　国際厚生事業団（JICWELS）の役割が斡旋業務を中心とし、教育面における基準や指針を示さなかったこと、教育インフラについても外部化が前提となっていたため、受け入れ機関の試行錯誤と効率的な研修の展開は困難な状況であった。看護協会などの専門機関からの支援も乏しい中、研修責任者は試行錯誤を重ね、市民団体などが教材開発を行い専門日本語の教材づくりを行ってきた。2年が過ぎ、そろそろこれまでの知見や経験を総括・評価し、制度の再構築に活かす必要がある。さもなければ、研修状況の二極化から、

研修を行わない機関への一極集中へ展開する可能性がある。人的投資をしないことが合理的な判断にならないようにしなければ、EPAによる受け入れは看護補助者受け入れのために送り出し国の看護師をリクルートするという、人材の非効率的な活用ということになってしまい、日本にとっても送り出し国にとっても損失となるであろう。

日本における職場環境は、労働力人口が大幅に減少することから推測される通り、今後も多文化化が進展するであろう。労働力の減少には労働力自体の充当や、生産性の向上が求められ、生産性向上のためには海外からの人材に対しても、明確な位置づけとそれに向けたスキルを落とさない形で潜在能力を発揮させることのできるような人材育成が求められるであろう。

看護師国家試験の日本語に関する見直しが行われることになった。長妻厚生労働大臣（当時）は2010年3月、看護師国家試験の検討に着手することを衆議院で答弁した。また、その後の閣議決定に基づき、介護福祉士国家試験についても検討が行われた。看護師国家試験の用語に関する有識者検討チームのとりまとめによると、見直しはEPAへの対応となっている。しかし、主語、述語、目的語の明示化、疾病名の英語表記など、日本人受験者にとっても現場で役に立つと期待される見直しである。

人口減少社会においては、多様な人々を労働の場で「活用」する政策が求められる。また多様な人々は経済的な権利 economic rights を保持し、社会的に排除されない機会の平等を享受する必要がある。そのためにも社会的排除の原因となりうる言語の在り方を再考し、時代の要請に応じた日本語の在り方を検討することが必要である。

注
1 エミリオアギナルド看護大学に対する聞き取り調査から。
2 65歳以下の看護師免許取得者のうち就労していない者を指す。
3 日本看護協会「平成16年度第3回プレス懇談会資料」。http://www.nurse.or.jp/koho/h16/press20050224_01.pdf　または岡谷（2005）を参照。
4 厚生労働省「規制改革・民間開放の推進に関する第一次答申（追加答申）に対する厚生労働省の考え方」。http://www.mhlw.go.jp/houdou/2005/03/h0325-2.html

5 厚生労働省の反対はしかしながらそれほど説得的なものではない。看護の需要が一貫して伸びることは十分予測可能であること、潜在看護師の発掘が不足の解消の手段であることは、常に指摘されながら現在まで果たすことのできない政策目標であること、看護師の有効求人倍率は他職種と比べても圧倒的に高く、景気の影響による多少の賃金水準の変動では看護師不足は解消される見込みはないことを理由としてあげることができる。
6 タスクフォースメンバーに対する聞き取り調査から。
7 タスクフォースメンバーに対するインタビュー、およびみずほ総合研究所株式会社 (2004)。
8 フィリピン大使館労働部に対する聞き取り調査から。2010 年 8 月 19 日。
9 これは 17 の受け入れ機関を対象にしており、勤務時間外の自主学習は加味していない。

参考文献

明石純一 (2010)『入国管理政策――「1990 年体制」の成立と展開』ナカニシヤ出版
岡谷恵子 (2005)「フィリピン人看護師受入れ何が問題となるのか」『エコノミスト』3 月 8 日号
川口章 (2008)『ジェンダー経済格差』勁草書房
内閣府(編)(2010)『平成 22 年版　高齢社会白書』佐伯印刷
みずほ総合研究所株式会社 (2004)「平成一五年度アジア産業基盤強化等事業 (日比経済連携推進のための産業界人材養成事業)「フィリピンにおける日本語教育のあり方」報告書」

おわりに

　本書の執筆者はいずれも多忙を極めた方々だが、編者の思いに賛同し、短期間に原稿を完成していただいた。
　言語教育、日本語教育、日本語教育政策、社会言語学、「日本語教育振興法」、国語教育、英語教育、日本語政策史、移民政策など、広範なアプローチからの力作が揃った。
　このほか、日系人の問題についても執筆を依頼したが、時間的制約のため原稿がいただけなかった。次の機会を期したい。
　言語政策に関心を持つトップクラスの執筆者を集めた本書は、異分野の研究者によるドリームマッチになっていると編者は自負している。
　ただ、本書で指摘した問題点は、本書の刊行によりすぐに改善されるとは思えない。執筆者の思いを今後も発信し続け、より多くの方々に問題点を共有してもらい、将来的には何らかの動きにつなげたい。これらの問題に関する執筆者への連絡は、田尻が一括してお受けして各執筆者へ流すことにするので、ご希望の方は以下のメールアドレスへご連絡をお願いしたい。
　田尻英三　　　tajiri@econ.ryukoku.ac.jp

　末筆ながら『日本語教育政策ウォッチ2008』に引き続いて本書の刊行を引き受けていただいたひつじ書房房主松本功さんと厳しい時間的制約のなか編集の労をとっていただいた細間理美さんに感謝。

田尻英三
大津由紀雄

執筆者紹介（論文掲載順　＊は編者）

＊大津由紀雄（おおつ　ゆきお）
慶應義塾大学言語文化研究所教授。『英語学習 7 つの誤解』（日本放送出版協会　2007）、『危機に立つ日本の英語教育』（慶應義塾大学出版会　2009）。

西原鈴子（にしはら　すずこ）
元東京女子大学教授、文化庁文化審議会会長。『講座社会言語科学　第 4 巻　教育・学習』（共編著　ひつじ書房　2008）、『シリーズ朝倉〈言語の可能性〉8 言語と社会・教育』（編著　朝倉書店　2009）。

＊田尻英三（たじり　えいぞう）
龍谷大学経済学部教授。『外国人の定住と日本語教育　増補版』（共著　ひつじ書房　2007）、『日本語教育政策ウォッチ 2008―定住化する外国人施策をめぐって』（ひつじ書房　2009）。

ましこ・ひでのり
中京大学国際教養学部教授。『ことば／権力／差別―言語権からみた情報弱者の解放』（編著　三元社　2006）、『知の政治経済学―あたらしい知識社会学のための序説』（三元社　2010）。

安田敏朗（やすだ　としあき）
一橋大学大学院言語社会研究科教員。『統合原理としての国語―近代日本言語史再考Ⅲ』（三元社　2006）、『国語審議会―迷走の 60 年』（講談社　2007）。

山田　泉（やまだ　いずみ）
法政大学キャリアデザイン学部教授。『外国人の定住と日本語教育　増補版』（共著　ひつじ書房　2007）、『日本語教育でつくる社会—私たちの見取り図』（日本語教育政策マスタープラン研究会著　ココ出版　2010）。

甲斐雄一郎（かい　ゆういちろう）
筑波大学大学院人間総合科学研究科教授。『国語科の成立』（東洋館出版社　2008）、『国語科教育実践・研究必携』（共編著　学芸図書　2009）。

吉田研作（よしだ　けんさく）
上智大学外国語学部教授。The new course of study and the possibilities for change in Japan's English education『言語・文化・教育の融合を目指して—国際的・学際的研究の視座から』387–400（生井健一・深田嘉昭編著　開拓社　2009）、『21年度から取り組む小学校英語—全面実施までにこれだけは』（編著　教育開発研究所　2008）。

安里和晃（あさと　わこう）
京都大学大学院文学研究科特定准教授。「東アジアにおけるケアの「家族化政策」と外国人家事労働者」『福祉社会学研究』6: 10–25（福祉社会学会　2009）、「ケアの確保をめぐって引き起こされる国際移動—移動する人々は多様性の一部か」『現代思想』37(2): 91–105（青土社　2009）。

言語政策を問う!

発行	2010 年 11 月 11 日 初版 1 刷
定価	2000 円+税
編者	©田尻英三・大津由紀雄
発行者	松本　功
装丁者	大熊　肇
組版者	内山彰議 (4&4,2)
印刷所	互恵印刷株式会社 (本文)
	株式会社シナノ (表紙)
製本所	株式会社シナノ
発行所	株式会社ひつじ書房
	〒112-0011 東京都文京区千石 2-1-2 大和ビル 2F
	Tel. 03-5319-4916　Fax. 03-5319-4917
	郵便振替 00120-8-142852
	toiawase@hituzi.co.jp　http://www.hituzi.co.jp/

ISBN978-4-89476-528-3 C1080

造本には充分注意しておりますが、落丁・乱丁などがございましたら、小社かお買い上げ書店にておとりかえいたします。ご意見、ご感想など、小社までお寄せ下されば幸いです。

ひつじ書房　既刊本案内

外国人の定住と日本語教育　増補版
田尻英三・田中宏・吉野正・山西優二・山田泉著
定価 2,000 円＋税　978-4-89476-375-3

移動労働者とその家族のための言語政策
生活者のための日本語教育
春原憲一郎編　定価 1,600 円＋税　978-4-89476-387-6

日本語教育政策ウォッチ 2008
定住化する外国人施策をめぐって
田尻英三編　定価 1,600 円＋税　978-4-89476-408-8

多文化社会オーストラリアの言語教育政策
松田陽子著　定価 4,200 円＋税　978-4-89476-421-7

マイノリティの名前はどのように扱われているのか
日本の公立学校におけるニューカマーの場合
リリアン テルミ ハタノ著　定価 4,200 円＋税　978-4-89476-422-4